DRC

国务院发展研究中心
中青年学者文库

"村官"小政策，人才大战略

——大学生村官政策评估研究

A SMALL POLICY BUT
A BIG STRATEGY

——A Policy Evaluation of Assigning University Graduates to The Countryside

佘宇 等◎著

中国发展出版社

CHINA DEVELOPMENT PRESS

图书在版编目（CIP）数据

"村官"小政策，人才大战略——大学生村官政策评估研究/佘宇等著．
北京：中国发展出版社，2013.2

ISBN 978-7-80234-895-0

Ⅰ.①村… Ⅱ.①佘… Ⅲ.①农村—干部政策—研究—中国 Ⅳ.①F325.4

中国版本图书馆 CIP 数据核字（2013）第 016349 号

书　　　名："村官"小政策，人才大战略——大学生村官政策评估研究
著作责任者：佘宇等著
出 版 发 行：中国发展出版社
　　　　　　（北京市西城区百万庄大街 16 号 8 层　100037）
标 准 书 号：ISBN 978-7-80234-895-0
经 销 者：各地新华书店
印 刷 者：北京广益印刷有限公司
开　　本：700mm×1000mm　1/16
印　　张：11.75
字　　数：150 千字
版　　次：2013 年 2 月第 1 版
印　　次：2013 年 2 月第 1 次印刷
定　　价：32.00 元

联 系 电 话：(010) 68990630　68990692
网　　址：http://www.develpress.com.cn
电 子 邮 件：bianjibu16@vip.sohu.com

"大学生村官政策评估研究" 课题组

课题顾问

林家彬　国务院发展研究中心社会发展研究部巡视员，研究员

贡　森　国务院发展研究中心社会发展研究部副部长，研究员

课题负责人

佘　宁　国务院发展研究中心社会发展研究部第三研究室

　　　　副主任，助理研究员

课题组成员

吴魁秋　共青团中央农村青年工作部生态环境处副处长

秦冬梅　北京市海淀区农村工作委员会组织科副科长

曹启挺　长沙民政职业技术学院社会工作学院讲师

寇　翔　中国社会科学院财经战略研究院博士研究生

韩　巍　中国人民大学公共管理学院博士研究生

张晓菲　清华大学教育研究院硕士研究生

序　言

2005 年 6 月，中央提出了"从 2006 年起，国家每年有计划地选拔一定数量的高校毕业生到农村和社区就业"以及"争取用 3 到 5 年时间基本实现全国每个村、每个社区至少有 1 名高校毕业生"的目标。此后，大学生村官政策不断发展完善，截止到 2011 年底，全国累计已经选聘大学生村官 22.3 万名，目前在岗的有 21 万多名，已经覆盖全国行政村总数的 1/3 以上。保守估计，大学生村官政策所影响到的农村人口当在 2 亿人以上。由此可见，大学生村官政策已经成为一项影响范围颇为广泛的社会政策。

我在成为"文革"后第一届大学生之前，曾有过将近 4 年的知青经历，因此，对于目前大学生村官这一群体有着天然的亲近感和兴趣。当佘宇同志邀请我以顾问身份参与他主持的"大学生村官政策评估研究"课题时，我没有任何犹豫地应允下来。实际上我认为，从政策研究的角度看，对于大学生村官政策，有以下几个方面的问题是非常值得关注和探究的：第一，对于社会主义新农村建设，大学生村官群体以何种方式、在多大程度上起到了促进作用？第二，作为一项人才战略和培养年轻干部的手段，这项政策的初衷在多大程度上得到了实现？第三，这项政策所涉及的各个利益主体（大学生村官、村民、村干部、县乡干部）对这项政策是如何理解和评价的？第四，村民自治是社会治理改革的一个重要突破口，而作为外来者的大学生村官对于村民自治将产生什么样的影响？通过对几个典型地区的调研和深入访谈，课题组对上述几个问题形成了自己的判断，读者可以从本书中找到相应的答案。

值得一提的是，本项研究的课题组是一个非常年轻的团队，平均年龄还不到30岁。我的同事佘宇是这个团队的核心人物，团队的其他成员不是他的同学便是他的师弟师妹。团队成员的主要专业背景是地方政府治理和社会工作，这对于他们完成本项研究的任务而言也是十分合适的。这个年轻的团队对本课题的研究投入了极大的热情，课题的设计、访谈的实施和后期的内部交流讨论均一丝不苟、全力以赴。与大学生村官群体相近的年龄，也使他们在对大学生村官进行访谈时更容易做到推心置腹、设身处地。由于他们的年轻，本书的行文中也许少了那么几分老到和洗练，但同时也多了几分锋芒和感性。我十分高兴看到本书的出版，相信它对于大学生村官政策的制定者、实施者、县乡有关干部以及大学生村官群体都能有所裨益。

林家彬

2013 年元月

前　　言

　　自 20 世纪 90 年代开始，针对村级"两委"（村支部、村委会）干部整体年龄偏大、文化程度偏低的状况，江苏、海南、浙江等地率先探索，在省、市、县各层面上先后出台各种鼓励政策，引导大学毕业生到农村担任村干部，充实村级"两委班子"。大学生村官政策正是在这一特殊背景下孕育而生。这一政策既是促进一大批有现代知识、现代思维、现代眼光的优秀青年人才回流农村的人才输入举措，也是培养有基层实践经验、有群众观点的党政后备干部的一种具有创造性的人才培育模式。大学生村官作为活跃在农村基层的一支重要工作力量，一个在岗人数 20 多万的庞大人才群体，他们的作用发挥和成长发展，已成为推进新农村建设和现代农业发展的关键所在，成为党培养"经过基层实践锻炼、对人民群众怀有深厚感情的党员干部后备人才"的重要渠道和来源。

　　但是，随着大学生村官队伍的逐渐壮大、工作业绩与独特作用的日益凸显、相关问题的渐次出现，这一群体也成为社会各界关注的一个热点群体。作为新生代的青年群体，大学生村官通过网络等新媒体，不断发出自己的声音和主张。作为一个新生事物，既没有先例可遵循，也没有经验可借鉴，政策实施与发展历程势必伴随一些矛盾和问题，只有用辩证、发展的眼光去看待，才能科学、持续地推进这项工作。大学生村官工作，中央重视、社会关注、组织期待，但这一政策的总体发展状况、目标实现程度、政策覆盖范围、发挥哪些作用、落差及其主要原因，以及下一步工作方向和着力点在哪里等，这些都是本研究需要予以回答的重要问题。

本研究具有以下两个特点。

第一，研究角度注重全面、系统与综合。首先，从利益相关者的角度，主要选取了与这一政策关系最直接、最密切的乡镇干部、村干部、大学生村官（在任、离任），通过深入访谈了解其对这一政策的看法与评价，以此作为政策评估及成因分析的重要依据，进而探究这一政策运行良好需要具备的条件；其次，区别于以往政策实施更加侧重于缓解大学生就业的考虑，更加突出"人才"这一主线，以此审视、解析大学生村官培养工作，结合中央有关人才工作的理念、战略提出完善这一政策的思路与措施。

第二，研究方法注重理论分析与实地调研相结合。一方面从理论研究的角度，综合国内已有研究成果，对我国大学生村官政策的发展历程、存在问题、政策目标达成所需条件、未来发展趋势进行分析，其中，尤其注重采用政策过程理论和利益相关者理论；另一方面选取若干典型地区（包括北京市海淀区，浙江省舟山市岱山县、普陀区，江苏省徐州市丰县、沛县，海南省定安县、海口市琼山区），通过对利益相关者进行深入访谈等方式，对这一政策进行实地调研，进而了解地方实际的政策目标、执行中遇到的困难与问题，并探讨政策的实际效果与发展前景，充分了解各利益主体的看法，以作为判定大学生村官政策发展前景的重要依据之一。

目　录
Contents

上篇　总报告

中篇　专题报告

下篇　背景报告

上篇 | 总报告

第一章　大学生村官政策的
演进历程及目标变化

　　所谓大学生村官，是指到农村（含社区）担任村党支部书记、村委会主任助理或其他村"两委"职务的具有大专以上学历的应届或往届大学毕业生。与其他政策一样，大学生村官政策也经历了一个不断发展、完善的过程，大体可以分为萌芽产生、自发探索、全国性试验、全面铺开四个阶段，不同阶段的政策目标也略有差异。从"事"和"人"的角度可将当前大学生村官政策的目标进一步细化，其中，推动新农村建设、引导大学生就业属于"事"的目标，促进人才向农村输入、培养锻炼年轻干部属于"人"的目标，"人"的目标是基础，"事"的目标是任务。

一、什么是大学生村官

　　所谓大学生村官，是指到农村（含社区）担任村党支部书记、村委会主任助理或其他村"两委"职务的具有大专以上学历的应届或往届大学毕业生。被招聘为大学生村官，一般需符合以下几个条件：30岁以下，全日制普通高校专科以上的应往届毕业生，中共党员（含预备党员）或非中共党员的优秀团干部、优秀学生干部，通过省级党委、政府组织人事部门组织的统一选聘程序后到村任职。

1. 与"文革"时期知识青年的区别

大学生村官与"文革"时期知识青年"上山下乡"在人才流动方向上是一致的，但不能将两者进行简单类比。二者在实质上存在较大区别：时代背景上，一个是处于开放的社会主义市场经济时代，一个是处于封闭的计划经济时代；文化层次上，一个是经过层层考试选拔的优秀高校毕业生（有些甚至是重点院校的博士生），一个是中学毕业生；动机上，大学生村官是主动要求、自我选择，属自愿性质，知青是响应号召甚至是被要求，有非自愿成分；身份上，一个是带领农民进行新农村建设的大学生村官，一个是接受贫下中农再教育的对象①；待遇上，一个是由国家发放工资，一个是和农民一样挣工分；时间上，一个是约定明确的服务期限，一个是有可能终身扎根农村②。

2. 与机关公务员的区别

虽然大学生村官与机关公务员都是由组织人事部门经过公开招考程序招录，且工资均由财政支出，但是二者在人事性质上还是有本质区别。编制方面，大学生村官归人才交流中心负责，而公务员是行政编制，由公务员管理科（处）负责；劳动合同方面，大学生村官需签订劳动合同，约定服务期，期满后可视情况续签，公务员不需签订合同；工资待遇方面，大学生村官是按照社会平均工资支付，涨幅根据社会发展条件，公务员是根据职务级别确定工资；文凭要求方面，大学生村官要求全日制高校毕业生，公务员要求大专以上学历，根据岗位进行专业限制。

3. 与村干部的区别

虽然大学生村官与村干部在称谓上都是"一村之官"，都是农村事务的管理者，但在许多方面有显著差异。从自身素质和背景来看，一个是外来的

---

① 王天敏："对'大学生村官计划'的历史审视"，《安徽农业科学》，2007 年第 34 期。
② 陈钧宝，董四代："大学生村官与知识青年上山下乡的比较"，《理论学习——山东干部函授大学学报》，2009 年第 11 期。

（不排除本村出身的）大学毕业生，一个是土生土长的农民；从产生渠道来看，一个是上级下派的，一个是按照《村委会选举法》由本村村民选举产生的村干部；从工资待遇来看，一个是由政府财政负担工资，一个是由村集体支付。

4. 与"三支一扶"、农村教师特岗、志愿服务西部计划人员等的区别

简单来说，大学生村官是村级组织特设岗位人员，从事村务管理工作，工作地点在村里，而"三支一扶"、农村教师特岗、志愿服务西部计划人员则主要从事服务性工作，工作地点以县市和乡镇为主。具体区别如表 1.1 所示。

表 1.1　　　　　　　大学生村官与其他三类人员的区别①

	大学生村官	"三支一扶"	农村教师特岗	志愿服务西部计划
开展工作的主要目的	培养锻炼新农村建设骨干力量和党政干部后备人才	通过开展支农、支教、支医和扶贫工作，促进农村基层社会事业发展	加强西部"两基"攻坚县农村义务教育阶段学校的教师队伍建设	弘扬志愿精神，鼓励优秀青年投身"西部大开发"战略，为西部地区农村经济社会发展作出贡献
牵头单位及实施主体	中组部牵头，省区市组织、人事部门组织实施	人社部牵头，省区市人事、教育部门组织实施	教育部负责牵头和组织招聘	团中央负责牵头和组织招募
"入口"条件及程序	全日制普通高校专科学历以上毕业生，重点是本科以上学历和中共党员、学生干部，程序是个人报名、资格审查、考试考察、体检公示等	普通高校应届毕业生，招聘程序是公开招募、自愿报名、组织选拔	高等师范院校及其他院校应届毕业生、具有教师资格和实践经验的高校毕业生，采用公开招聘方式	普通高校应届毕业生，程序是公开招募、自愿报名

---

① 资料来源："大学生'村官'与'三支一扶'、农村教师特岗、志愿者服务西部计划人员有何不同"，《中国人事报》，大学生村官网 2009 年 6 月 14 日转载，http://www.54cunguan.cn/news/zhengcewj/200906/9865.html。

续表

	大学生村官	"三支一扶"	农村教师特岗	志愿服务西部计划
数量规模及其身份	5年选聘10万名，截至2009年已选聘7.8万名，身份是"村级组织特设岗位"人员，担任村"两委"干部和村党组织书记助理、村委会主任助理	每年选派2万名，截至2009年已选派8.8万名，身份是"三支一扶"志愿者	根据实际情况确定招聘人数，已安排2万多个特设岗位，身份是"特设岗位教师"	每年派遣7000名，截至2009年已选派4万名，身份是西部计划志愿者
报酬待遇及经费来源	工作生活补贴比照从高校毕业生中新录用乡镇公务员试用期满后的工资水平，办理医疗、养老、人身意外伤害等保险，经费由中央和地方财政共同承担，中央财政补助标准是东、中、西部地区每人每年5000元、10000元、15000元	待遇各地差距较大，大体在每人每月600元至2000元之间，办理医疗、人身意外伤害保险，经费由地方财政安排	执行国家统一的教师工资制度和标准，纳入当地社会保障体系，经费由中央和地方财政共同承担，中央财政补助标准是每人每年1.5万元	生活补贴（含交通补贴和医疗、人身意外伤害保险费用）平均每人每月为800元，经费由中央财政统一支付
聘用期限及期满"出口"	聘用期为2～3年，期满后的"出口"是鼓励留任村干部、择优选拔基层领导干部和公务员、扶持自主创业、引导另行择业、继续学习深造	总的原则是自愿服务、期满自主择业，服务期为2～3年，期满后事业单位拿出一定职位专门聘用，报考研究生或公务员加分、优先录用	聘期为3年，期满后鼓励继续留任，对自愿留在本地学校的，负责安排落实工作岗位	服务期为1年，服务期满后鼓励扎根基层或自主择业，享受报考研究生、公务员加分政策，颁发服务证书和奖章

此外，还有一类人员需要与大学生村官进行区别，即大学生社区工作者。他们是服务基层的又一支重要队伍，也是大学毕业生择业的又一种选择。以北

京市为例，2009 年首次面向大学毕业生公开招考社区工作者。如表 1.2 所示，虽然大学生社区工作者在工资待遇方面比大学生村官要低，且在出路方面没有大学生村官条件优厚，但在招考条件等其他方面都比大学生村官更加宽松和优越。

表 1.2 　　2009 年北京市报考社区工作者与大学生村官在资格条件和相关待遇等方面的比较①

	大学生村官	大学生社区工作者
报考条件	1. 2009 年普通高校本地生源应届毕业生； 2. 列入国家统一招生计划（不含定向、委培）的北京市地区普通高校非北京市生源本科以上（含本科）应届毕业生	1. 列入国家统一招生计划（不含定向、委培）的普通高等学校本科及以上学历的本地生源应届毕业生； 2. 列入国家统一招生计划（不含定向、委培）、符合基本进京条件的北京市地区普通高等院校本科及以上学历的非本地生源应届毕业生； 3. 聘任为村党支部书记助理、村委会主任助理，且截至考试报名时仍在岗的 2006 届高校毕业生
服务期限	三年	三年
取得北京市户口所需时间	两年以上	一年以上
工资收入	2000 元左右	1000 余元
期满后出路	有招聘专场，特别是针对大学生村官的公务员、事业编的招聘专场	没有针对大学生社区工作者的公务员、事业编的招聘专场
招考情况	持续火爆	部分乡镇有未招满的现象

① 根据北京市人力资源和社会保障局毕业生就业网相关资料，自制表格。由于 2011 年大学生社区工作者的工资待遇水平已和大学生村官基本持平，取得北京市户口的时限也已一致，故仅就 2009 年当年招考的情况进行比较。2010 年北京市选取 3000 名高校毕业生到各社区工作，比 2009 年首次实际招收人数多出 500 余人。在报考条件方面，也比 2009 年要宽松，即列入国家统一招生计划（不含定向、委培）的北京市地区普通高等学校应届毕业生和非北京市地区普通高等学校本地生源应届毕业生皆可报名。在 2009 年公告中出现的"本科及以上学历"限制条件，当年并未出现。

二、大学生村官政策的演进历程

1. 萌芽产生阶段（1995～2001年）

1995～2001年是大学生村官政策的萌芽产生阶段，其中，又以1995年江苏省丰县实施的"雏鹰工程"为标志。针对村级"两委"干部整体年龄偏大、文化程度偏低的状况，丰县率先选聘13名大学毕业生到村任职，充实村级"两委班子"。1999年，海南省也开始了局部试点。同年，浙江省宁波市成为全国第一个公开招考"一村一名大学生"的地区。此后，浙江省慈溪市、广州市天河区、辽宁省也相继制定了引导大学毕业生到农村工作的政策。总体而言，这一阶段的大学生村官政策相对不够完善，且零星分布于各地，也没有在社会中形成较大的影响；但是，却"开历史之先河"，逐步打开了改革开放以来知识分子回流农村的正式渠道，也为这一政策今后的发展奠定了重要的实践基础。

2. 自发探索阶段（2002～2004年）

随着社会各界对"三农"问题的日益关注，以及大学毕业生就业难问题的日渐突出，大学生村官及其相关政策在全国得到了普遍认可并得以进一步推广。2002年，河南省鹤壁市淇县成功实施了选聘高校毕业生到村任职的政策，之后至2003年迅速在全市推广；2003年，河南省平顶山市也开始公开选拔大学生村官。除此之外，吉林省、陕西省、上海市、四川省成都市等个别地区以及新疆维吾尔自治区、云南省和湖北省的个别地区也都相继推出了一系列相对完善的大学生村官政策方案，且实施规模比较大。总的来说，这一阶段的大学生村官政策较之前已相对完善，逐步实现以县市为单位、多省联动，且形成了一定的规模和社会影响力，并在提高村干部素质、促进农村经济社会发展等方面取得了一定的成效。

3. 全国性实验阶段（2005～2007 年）

2005 年是大学生村官政策的一个转折点。这一年 6 月，中办、国办联合下发《关于引导和鼓励高校毕业生面向基层就业的意见》，提出"从 2006 年起，国家每年有计划地选拔一定数量的高校毕业生到农村和社区就业"，并"争取用 3 到 5 年时间基本实现全国每个村、每个社区至少有 1 名高校毕业生的目标"。2007 年的中央 1 号文件明确指出："有条件的地方，可选拔大专院校和中职学校毕业生到乡村任职，改善农村基层干部队伍结构。"在中央的部署要求和连续的政策利好下，17 个省（直辖市、自治区）应声而动，结合各地实际制定地方政策，先后启动大学生村官计划，由此，大学生村官政策进入了全国性实验阶段。

4. 全面铺开阶段（2008 年至今）

2008 年 4 月，中组部、教育部、财政部、人社部联合下发《关于选聘高校毕业生到村任职工作的意见（试行）》，提出"在全国范围内开展选聘高校毕业生到村任职工作"。以此为标志，大学生村官政策进入了全面铺开阶段。按照计划，从 2008 年开始，全国每年选聘 2 万名，连续选聘 5 年，共选聘 10 万名高校毕业生到村任职①。2009 年 9 月，中共中央十七届四中全会报告提出"拓宽农村基层干部来源……推进高校毕业生到村任职工作"。同年，中央又连续下发了两个关于建立长效机制、有序流动的文件，进一步部署工作。2010 年的中央 1 号文件再次明确提出："继续选聘高校毕业生到村任职，完善下得去、待得住、干得好、流得动的长效机制。"据中组部统计，2008 年以来全国累计有 200 多万高校毕业生报名应聘大学生村官。截至 2011 年底，各地已累计选聘大学生村官 22.3 万名。除期满流动的外，目前在岗的有 21 万多名，已经覆盖全国行政村总数 1/3 以上。

---

① 2010 年 4 月 29 日，中组部下发通知，5 年内选聘 10 万名大学生村官增长为 5 年内选聘 20 万名大学生村官，其中 2010 年全国选聘 3.6 万名大学生村官。

三、政策目标在不同阶段的变化情况

通过对中央、省级、地市县等有关文件及相关文献进行梳理，除了可以清晰、准确地把握大学生村官政策的来龙去脉，还能对这一政策在不同阶段的目标及变化进行如下归纳。

作为大学生村官政策的发源地，江苏省丰县 1995 年实施"雏鹰工程"的主要目的，一是培养锻炼年轻干部，二是加强农村党组织建设，进一步优化村级干部知识、年龄和经历结构。政策目标非常明确，就是基于农村经济社会发展需要，针对当时丰县村干部存在"三不两偏"（思想不够解放，政策观念不够强，工作开展不够主动，年龄偏大，文化偏低）的问题，立足"抓早抓小"做好战略性人才准备。

从海南省的局部试点来看，琼山区（原琼山市）于 1999 年 4 月招聘 496名大中专毕业生担任"农村奔小康"工作队员，分赴农村协助村级组织抓"农村奔小康"工作；三亚市于 2000 年和 2001 年分两批选派了 109 名大学生到各区、镇居（村）委会挂职锻炼和农村合作医疗站工作；五指山市于 2001年招聘了 14 名大中专毕业生作为"农村奔小康"班选派到省里参加培训，安排在农村任书记、主任助理，由乡镇负责管理，作为农村书记、主任的后备人选进行培养。可见，政策目标也比较明确，大体是两方面内容：一是加快农村经济社会发展，二是作为后备干部培养。

河南省平顶山市于 2003 年 10 月正式发文在全市范围内进行大学生村官行动试验，主要是基于三方面的挑战[①]：第一，改革开放 25 年来，社会经济发生了很大变化，而农村经济依然落后，村民委员会领导班子成员知识结构低，多数为初中以下文化程度，并且年龄结构偏大，面临调整问题；第二，全市经

[①]　胡跃高等："大学生进村是新农村建设的重要创举——平顶山大学生'村官'行动调查报告"，《2009 中国大学生"村官"发展报告》，中国农业出版社 2009 年 4 月。

济结构调整中，下岗或分流出相当数量有经验、精力旺盛的基层干部难以及时足量安排；第三，随着高校扩大招生，毕业返乡的大专以上大学生积累数量大，每年约 4000 人左右，安排就业困难。可见，政策目标除了"优化农村干部队伍结构、加强农村基层组织建设……推动农村经济和各项社会事业的发展"① 外，更增加了"安排下岗或分流的基层干部"、"解决高校扩招后大学生就业困难"的内容。

作为大学生村官政策的转折点，2005 年 6 月中办、国办联合下发的《关于引导和鼓励高校毕业生面向基层就业的意见》也没有回避"高校毕业生就业难"的现实，指出："高校毕业生是国家宝贵的人才资源，他们的就业是一个涉及全局的重大问题，……随着经济体制改革的深化和经济结构的战略性调整，一方面高校毕业生就业面临着一些困难和问题，另一方面广大基层特别是西部地区、艰苦边远地区和艰苦行业以及广大农村还存在人才匮乏的状况。"这意味着进入全国性实验阶段的大学生村官政策，除了"解决广大基层（农村）人才匮乏"的目标外，还必须同时兼顾"缓解高校毕业生就业难"的目标。

从大学生村官政策全面铺开阶段的标志性文件——2008 年 4 月中组部等多部门联合下发的《关于选聘高校毕业生到村任职工作的意见（试行）》开始，中央推行这一政策的目标再次发生变化，即"加强农村基层组织建设，培养有知识、有文化的新农村建设带头人；培养具有坚定理想信念和奉献精神，对人民群众有深厚感情的党政干部后备人才，形成来自基层和生产一线的党政干部培养链；引导高校毕业生转变就业观念，面向基层就业创业，到经济社会发展最需要的地方施展才华，为建设社会主义新农村、实现全面建设小康社会宏伟目标提供人才支持和组织保证"，归纳起来，主要有以下三方面内容：一是要加强农村基层组织建设，培养新农村建设带头人；二是为党和政府培养后备干部；三是引导大学毕业生转变就业观念。

之后出台的一系列文件，以及中央领导在各种场合关于大学生村官、大学

---

① "全市选拔大专以上学历优秀青年到农村任职动员大会召开"，2003 年 10 月 18 日，http://www.pdsxww.com/jkhg/content/2003-10/18/content_131058.htm。

生村官政策的讲话，更是将政策目标集中在"新农村建设骨干力量"、"党政干部后备人才"两个方面，尤其是后者。

表 1.3　2006 年以来中央有关大学生村官以及大学生村官政策的重要论述

时间	来源	要点
2006 年 12 月 31 日	中共中央、国务院《关于积极发展现代农业扎实推进社会主义新农村建设的若干意见》	有条件的地方，可选拔大专院校和中等职业学校毕业生到乡村任职，改善农村基层干部队伍结构
2008 年 4 月 1 日	中共中央政治局委员、中央书记处书记、中组部部长李源潮在北京召开的到村任职高校毕业生代表座谈会上的讲话	高校毕业生到新农村建设一线去，是成长成才的正确选择，希望广大大学生把理想付诸行动，到农村基层磨炼意志、增长才干，更好更快地成长为中国特色社会主义事业的合格建设者和可靠接班人
2008 年 4 月 10 日	中组部、教育部、财政部、人社部《关于选聘高校毕业生到村任职工作的意见（试行）》	为加强农村基层组织建设，培养有知识、有文化的新农村建设带头人；培养具有坚定理想信念和奉献精神，对人民群众有深厚感情的党政干部后备人才，形成来自基层和生产一线的党政干部培养链；引导高校毕业生转变就业观念，面向基层就业创业，到经济社会发展最需要的地方施展才华，为建设社会主义新农村、实现全面建设小康社会宏伟目标提供人才支持和组织保证，决定在全国范围内开展选聘高校毕业生到村任职工作
2008 年 10 月 12 日	中共中央十七届三中全会《关于推进农村改革发展若干重大问题的决定》	加强农村基层干部队伍建设，……引导高校毕业生到村任职，实施一村一名大学生计划
2008 年 12 月 22 日	中共中央政治局常委、国家副主席习近平在北京举行的大学生村官代表座谈会上的讲话	大学生村官是加强中共基层组织建设和推进社会主义新农村建设的重要力量，也是党政机关培养和储备来自工农一线后备人才的重要来源，各级党组织和有关部门要切实关心大学生村官的成长，努力使大学生村官下得去、待得住、干得好、流得动

续表

时间	来源	要点
2009 年 4 月 7 日	中组部、中宣部、教育部、公安部、民政部、财政部、人社部、农业部、国家林业局、国务院扶贫办、团中央、全国妇联《关于建立选聘高校毕业生到村任职工作长效机制的意见》	选聘高校毕业生到村任职，是党中央作出的一项重大战略决策，对于改善农村基层干部队伍结构、培养新农村建设骨干力量和党政干部后备人才，推进新形势下农村改革发展，夯实党在农村的执政基础具有重大意义
2009 年 9 月 18 日	中共中央十七届四中全会《关于加强和改进新形势下党的建设若干重大问题的决定》	拓宽农村基层干部来源，……推进选聘高校毕业生到村任职工作
2009 年 12 月 31 日	中共中央、国务院《关于加大统筹城乡发展力度，进一步夯实农业农村发展基础的若干意见》	加强和改进农村基层党的建设，……继续选聘高校毕业生到村任职，完善下得去、待得住、干得好、流得动的长效机制
2012 年 3 月 31 日	中共中央政治局委员、中央书记处书记、中组部部长李源潮在中央"创先争优"活动领导小组第九次会议上的讲话	要抓好基层党组织带头人队伍建设，选派机关干部特别是优秀年轻干部到难点村、贫困村、后进村担任党组织书记，注意在大学生村官中发现优秀苗子，培养有文化、有抱负、有眼界、有胸怀的新一代农村党组织带头人
2012 年 7 月 29 日	中组部、中编办、教育部、财政部、人社部、国家公务员局《关于进一步加强大学生村官工作的意见》	自 2008 年以来，各地按照中央部署，扎实有序推进大学生村官工作，在改善农村干部队伍结构、增强农村基层组织生机活力、形成来自基层一线的党政干部培养链等方面取得了明显成效。广大大学生村官发挥特长优势，甘于吃苦奉献，主动干事创业，在服务农民、发展农业、建设新农村中作出了积极贡献，受到了农村基层干部群众及社会各界的普遍好评

四、对当前政策目标的进一步细化

如前所述，作为全面铺开阶段的标志性文件，2008 年 4 月中组部等多部门联合下发的《关于选聘高校毕业生到村任职工作的意见（试行）》将实施大学生村官政策的目标概括为三方面内容：一是要加强农村基层组织建设，培养新农村建设带头人；二是为党和政府培养后备干部；三是引导大学毕业生转变就业观念。从"事"和"人"的角度可将上述政策目标进一步细化，其中，推动新农村建设、引导大学生就业属于"事"的目标，促进人才向农村输入、培养锻炼年轻干部属于"人"的目标，"人"的目标是基础，"事"的目标是任务。

1. 推动新农村建设

选聘高校毕业生到村任职有利于农村各项事业的全面发展，有利于加快推进社会主义新农村建设。

首先，推进农村文化建设，促进了新观念的传播。目前，我国大部分农村思想较为保守、观念较为落后，已不能适应经济社会和科学技术飞速发展的需要。因此，新农村建设的目标之一就是精神文明建设。大学生思想活跃、观念新，引导他们融入农村，将会给农民较为落后的思想观念带来冲击和转变，对于推进社会主义新农村建设也具有很大的促进作用。

其次，促进农村新技术推广，带动农村经济发展水平提高。大学生村官文化知识丰富，头脑灵活，掌握新技术快，可以利用互联网等手段，为农村把握又快又新的农业行情，还能给农村带来先进的农业科技，进而提高农副产品参与国内和国际市场竞争的能力，并通过开发和引进新的农业产品，调整农村的产业结构。

2. 引导大学生就业

大学毕业生能否顺利实现就业，不仅关系到广大人民群众的切身利益，而且直接影响到经济发展和社会稳定。随着 1999 年开始的高校扩招，大学毕业生人数从 2003 年起逐年攀升的现实使得这一群体的就业形势不容乐观。而许多大学生又以"天之骄子"自居，认为自己苦读了十几年书，即便无法实现专业"对口"，也要在大城市中从事有面子、待遇高的工作，而不愿意回到家乡，或者到艰苦、落后的基层去发展创业。由此出现了人才供求错位的"僧多粥少"现象。

与此同时，农村严重缺乏有知识、有能力、有干劲的年轻人才，即便有从农村走出来的大学生，也都出于上述原因离开了农村，选择了城市生活。因此，这种错位的择业观不仅阻碍了大学生自身的发展前途，也在一定程度上恶化了大学生的就业形势。面对城市人才拥挤和农村人才缺乏的矛盾局面，选聘高校毕业生到村任职无疑是积极和有益的探索。这一政策的实施使大学毕业生的职业生涯多了一种选择，促使他们在大学教育由精英教育逐步转变为大众教育、就业形势日益严峻的背景下，理解和接受"大学生也是普通劳动者"的观点。

3. 促进人才向农村输入

我国农村经济社会的发展，一般而言，较之城市明显滞后。虽然造成这种局面的原因是多方面的，但毋庸置疑的是，人才由农村向城市的单方面流动，进而造成农村精英人才严重流失，是导致农村发展相对滞后、出现恶性循环的一个重要原因。农村精英的严重流失，使农村失去了具有一定能力的领导者以及具有致富能力的实用人才，农村一直以来持续有序的发展遭到了严重制约。大学生村官政策的实施对于改变城乡间人才的单向流动模式、形成良性的人才循环，将发挥积极的作用，对维持城乡人才平衡具有重大意义[1]。

---

① 张清华："大学生村官计划——双赢战略的政策选择"，《湖南工程学院学报》，2008 年第 1 期。

4. 培养锻炼年轻干部

目前我国各级政府党政干部队伍中，不乏学历高、能力强的人才，而相对缺少的是有基层实践工作经历，特别是直接担任过行政村的领导、具有与基层百姓面对面"接触"经历的干部。农村的情况错综复杂，农村的关系盘根错节，能够处理好农村工作，是对一名干部综合素质的挑战，也为干部的成长提供了历练的机会。对于大学生村官来说，农村工作的经历为他们施展才华、实践理想、历练人生提供了广阔的舞台，将会变成他们宝贵的经验财富。

总之，大学生村官政策从无到有，从单一目标到多重目标，体现出中央对于这一政策的高度重视。中央领导近年来在各种场合关于大学生村官及大学生村官政策的讲话，也体现出了中央对这一群体的高度关注，以及进一步推进大学生村官政策的坚定信心。

佘　宇　执笔

第二章　利益相关者对政策
实施效果的相关评价

大学生村官政策的利益相关者众多，至少包括各级政府部门（特别是组织人事管理部门）、乡镇（街道）干部、村（居）委会干部、大学生村官（在任、离任）、普通村民，以及高校、参加选聘而未入选的大学生、大学生村官的家人及同学等。本研究从中选取了与这一政策关系最直接、最密切的乡镇干部、村干部和大学生村官三组利益相关者，分别围绕推动新农村建设、引导大学生就业、促进人才向农村输入、培养锻炼年轻干部这四个细化后的政策目标，通过他们的相关评价来审视这一政策的实施效果及存在的问题。

一、大学生村官政策的利益相关者讨论

大学生村官政策的利益相关者众多，至少包括各级政府部门（特别是组织人事管理部门）、乡镇（街道）干部、村（居）委会干部、大学生村官（在任、离任）、普通村民，以及高校、参加选聘而未入选的大学生、大学生村官的家人及同学等。本研究从中选取了与这一政策关系最直接、最密切的乡镇干部、村干部和大学生村官，从他们的角度来审视大学生村官政策的实施效果。

从这三类利益相关者的互动关系来看：首先，乡镇干部与村干部之间既是委托—代理关系，又是领导—被领导关系。乡镇委托村干部管理包括大学生村

官在内的所有村级事务，同时又在一定程度上对村干部具有直接的行政领导。其次，乡镇（干部）拥有对大学生村官的管理、调配权，与后者实际形成了一个"有期合同"关系，这就容易造成合同参与者的短期行为；同时，签约之后，乡镇（干部）与大学生村官之间形成了委托—代理关系，前者委托后者在村级提供相关服务，如果缺乏有效的绩效考评机制，加之现实中"半途毁约"的成本相对低廉，也容易导致后者的道德风险。第三，村干部与大学生村官之间既有领导—被领导关系（或"师徒"关系），也有合作—竞争关系。大学生村官作为村党支部书记或村主任的助理，在日常工作中接受村干部的直接领导，但随着大学生村官逐渐独当一面、胜任工作后，二者之间又会显现出合作—竞争关系。

二、利益相关者对大学生村官政策实施效果的评价

1. 政策目标之一：推动新农村建设

（1）乡镇干部的评价

调研中，基本上所有的乡镇干部都对大学生村官政策的这一目标持肯定态度。受访的乡镇干部认为，大学生村官政策给年轻人提供了一个接触基层社会的机会，为他们今后的工作奠定了良好基础；而且，大学生村官的到来打破了农村相对封闭的结构，为农村带来了新思维、新理念，尤其是促进和规范了农村工作。大学生村官入村任职使农村"两委"的办公效率得到了有效提升，集中体现在上报文字材料撰写质量明显提高、上级会议精神理解更加到位、村里各项活动开展活跃等方面；此外，一些乡镇在闲余时间还抽调部分大学生村官帮助进行档案管理、文字处理等工作，也极大提高了乡镇一级的办公效率。

同时，乡镇干部也提出了大学生村官日常工作中存在的一些问题，如：工作不够深入，在人际关系处理上欠缺火候；能力尚有待提高，对于一些农村中

长期存在的较为复杂的问题（宅基地纠纷等）束手无策，缺乏相应的知识储备，专业知识与实际工作不相匹配等。当然，有的乡镇干部也认为专业对于大学生村官来说并不重要，他们认为影响大学生村官发挥作用的因素往往在于其自身的意愿和村干部的支持，其中，个人的意愿和热情对于大学生村官工作积极性的影响尤为重要。

虽然乡镇干部普遍表示积极鼓励大学生村官参与推动新农村建设，但从调研的情况来看，对于如何提高大学生村官对农村经济的参与力度，乡镇干部看起来也没有什么特别的想法。尽管乡镇干部还是会鼓励大学生村官去参加各类创业设计竞赛并提供各种方便，对于那些获奖的大学生村官也会加以表扬和勉励，但是，如果大学生村官并不热衷于创业，乡镇干部也没有理由对其进行批评。

（2）村干部的评价

调研中，村干部普遍认为大学生村官年龄较轻、文化素质较高、工作热情认真、头脑灵活，为农村带来了新思想，活跃了村干部的工作氛围，对农村干部的思路和认识也是一种开阔和提高。从对村"两委"的帮助来看，由于大学生村官文化水平较高，能够极大提高村两委办公效率（特别是办公自动化方面）。例如，撰写文字材料时，语言更加流畅、错别字明显减少；网络应用更为便利，能够更好地利用网络领会中央会议精神，有力弥补了农村两委班子成员文化水平较低、年龄层次较单一且偏大的缺陷，为村两委的管理活动带来了热情和冲劲。从对村民的帮助来看，由于大学生村官在校期间接受了良好的教育，能够捕捉和提供市场信息带领所在村致富，帮助村民开展远程教育，推广农业知识，还有部分大学生村官通过招商引资等直接为增加村民收入作出贡献。从对日常村务工作的帮助来看，大学生村官对新农村建设的贡献是全方位的，例如，修路、防洪、绿化等农村基础设施建设，承包种植和养殖业，关心慰问五保户，克服农村吸毒、赌博等恶习，推动村务民主进程等。

同时，村干部也反映了大学生村官日常工作中存在的一些问题，如：由于语言等方面的原因，与村干部以及村民交流存在障碍；一些想法没有结合所在村的实际，农村工作经验较缺乏，尚欠人生阅历，工作还不够深入，专业不相匹配等。也有极少数村干部表示，大学生村官实际能够发挥的作用有限：一方面，大学生村官自身缺乏对农村工作的热爱，没有积极性；另一方面，村干部认为大学生村官不拿村里的工资，早晚要离开，因此对村官要求并不高。村干部普遍认为，影响大学生村官发挥作用的主要因素在于适应能力、个人主观能动性（工作积极性）、个人意愿（对农村工作的热爱程度），与专业、性格没有很大关系。

（3）大学生村官的评价

总体而言，可以把大学生村官大体分为三种类型：一类是在村内没有具体主管工作，主要负责和电脑有关的行政文字工作；一类是发挥自身优势，在村内主管某项或某几项工作；一类是自主创业，带领村民致富。受自身和周围条件限制，大多数大学生村官属于第一种类型。调研中，大学生村官普遍表示，他们在村里多从事文件撰写、档案整理等与电脑有关的工作，因而戏称自己为"打字员"。至于村里的一些重大决策，他们参与较少。尽管可以参加关系到村里重大发展的村"两委"会议，但多为"记录员"而没有话语权和决策权。第二种大学生村官在经过一段时间的适应后，被村干部赋予了一定的小权力，主管某项或某几项工作，在村内独立开展工作。例如，丰县凤城闫庄的一名女大学生村官，就参与到村内新农村建设的拆迁工作中，跟村干部一起入户宣传、动员、负责合同签订及赔偿金发放工作，她的辛勤工作被村民看在眼里并得到了一致肯定。

如果按照大学生村官具体负责工作的不同，还可以将他们分为创业型和村务型。在部分地区（例如丰县），创业型大学生村官在领导当地农民致富的过程中发挥了重要的作用，包括：利用所享受的优惠政策吸纳低息或无息贷款创办大学生村官创业园区；涉农专业大学生村官将所学专业科技和知识转化为生产力并在全村推广；利用自己及亲属的社会关系为创业园引进技术和资金、市场支持。而在其他一些地区，村务型大学生村官在新农村建设中发挥的作用更大，主要涉及文档保管和整理、文字材料撰写和汇报、远程教育、现代化办公、上级精神传达、精神文明宣传、基础设施建设、农业技能培训、计划生育、治安维稳、协调邻里关系、征地拆迁、农村收费问题等。基本上，在农村村务中最重要和最困难的工作都有大学生村官在发挥作用。

大多数受访的大学生村官认为，无论自己当初报考的动机是什么，既然来到农村，就愿意认真完成村里、镇里的各项工作，不愿意整天混日子，更不愿意因为自己耽误村内工作。他们认为，只要给予机会，交代重要工作，都能很好完成，认为自己能够发挥很大作用。这无疑体现出了大学生村官较强的责任心和作为大学生特有的激情和热情。即便是第一种大学生村官，绝大多数也对自身发挥的作用给予了很高评价，认为自己的到来为村里带来了重要的变化，主要体现在：村里办公实现了自动化、村里材料的文字材料水平和档案管理的规范性有了很大程度的提高，所在农村的气氛也因他们的到来变得更加活跃起来。少数能自主创业的大学生村官，都对自己能在工作之余创办自己的事业，并为农村发展作出贡献感到十分骄傲。

当问及影响他们工作积极性和发挥作用的因素时，受访的大学生村官归纳为以下几个方面：一是村干部出于对自己的不信任及任期短等原因，没有把自己当本村人，不交代自己重要工作；二是村民由于自己年纪小、阅历少，对自己缺乏信任；三是由于自身工作经验、农村生活阅历不够，不能很好适应农村工作和生活；四是由于专业不对口，使自己作用发挥受限，缺乏镇里对自身发展思路的支持。其中，有第一种和第三种想法的大学生村官占多数，他们认为在农村发挥作用与否主要取决于是否有展现自我的机会和舞台。

大部分大学生村官对自己在村里的工作安排表示满意，认为可以胜任这些工作，并能够在工作中发挥主动性和创造性，但也有部分大学生村官对其工作的内容表示了质疑：首先，感觉工作没有得到村干部的支持（或想法与村干部存在差距），尤其是部分大学生村官有创业的想法但是却缺乏村干部的相应支持或缺少相应的方法。调研中，一名受访的大学生村官无奈坦言："上级领导对我们的培养非常重视，派我们大学生村官参加全国大学生村官的交流，在与全国其他地区大学生村官交流的过程中我受到了很多启发，希望能够在本村开展一些创业项目，但是当我和村里主要领导谈到我的想法时，我感觉村领导对我的想法并不支持，我无法将我的创业项目开展下去。"其次，部分创业型大学生村官提出能否继续加强创业的优惠条件，大学生村官创业项目现有的优惠，规模上还是太小，时间上也显太短。另外，还有一部分大学生村官指出，由于之前生活环境与农村实际生活环境的差别，在实际村务工作中受到语言、思维方式、人际关系等影响，实际工作效果打了一定折扣。

2. 政策目标之二：引导大学生就业

（1）乡镇干部的评价

绝大多数乡镇干部将大学生村官作为就业群体来看待。他们认为，大学生村官政策在很大程度上解决了毕业生就业的难题。现实中，大学生村官报考的男女比例失调也从另一侧面对此进行了佐证。在女性就业相对弱势的情况下，作为职业的一个选择，尽管大学生村官工作只是短暂三年（至多再续聘三年）而非长期聘任，农村工作生活的艰苦与大学四年学习的期望有很大的落差，女生们还是对其趋之若鹜，将其作为自己的一个工作选择。

当问及如何看待大学生村官报考动机大多倾向于政策带来的优惠条件时，乡镇干部给予了相当的理解，更多的是将原因归结为：一是政策制度的不完善，自身缺乏长期性的支持；二是社会舆论、家庭和学校的教育没有充分发挥引导大学生树立正确的价值观、就业观的作用。

在就业问题上，乡镇干部与村干部的看法较为一致，集中表现在：将缓解就业压力作为大学生村官政策目标之一，造成了部分大学生村官无法安心工作。从管理上来看，确实没有相应的激励机制来调动部分以这一经历作为跳板的大学生村官工作的积极性；而且，由于当前无论是公务员考试还是研究生入学考试，笔试成绩依然是主要决定因素，与其他踏实工作的大学生村官相比，将大部分精力用于复习考研或考公务员，其考取好成绩的可能性更高，从而也打击了其他大学生村官的工作积极性。引导大学生就业的政策目标，无疑与大学生村官政策的初衷相矛盾，长此以往互相效尤，也容易带来不良后果。

（2）村干部的评价

受访的村干部普遍表示，能吸引大学生的到来，在农村是个大事。一方面，农村渴望大学生的到来；另一方面，又对大学生村官的动机存有疑惑，他们认为大学生村官在农村留下来的可能性比较小，存在"跳板"、"镀金"等短视心理。多数村干部认同大学生村官政策是解决大学生就业难题很好的途径，甚至不少村干部认为很多大学毕业生是由于找不到合适的工作，才选择到村任职的，大学生村官是他们最次的择业出路。这样的大学生村官，往往并没有做好在艰苦的农村长期工作的准备，现实与理想的落差往往挫伤他们工作的主动性，对农村并没有太多的好处。

当然，村干部基本上对大学生就业问题表示理解，他们从本村需要的角度出发，认为非常需要大学生。舟山市普陀区和岱山县多个社区的调查显示，不少村干部强调，不要把大学生村官仅仅当作解决大学生一时的就业压力来做。农村确实需要大量的大学生，希望他们将这个工作当作事业，而不是当作缓解就业压力的跳板，不要做几年就走，希望能留下来。但舟山的村干部普遍希望招聘本地大学生，最好是本村或者本乡镇的。村干部反映，生源不是问题，现在村村都有大学生，安排本地人就业才会扎根下来。这一点和大学生村官的评价实际上是相符合的。例如，有的大学生村官认为，做这个活最重要的不是能力和知识，而是"爱乡土"。而村干部希望多招本地大学生，原因就是这些人最"爱乡土"。

村干部对大学生村官政策作为一项推动就业的政策意见分歧较大，主要表现在以下两个方面：首先，大学生村官政策推动了大学生到农村基层就业，尤其是基层农村管理岗位，能够解决农村"两委"班子存在的年龄老化、活力不足等问题，同时，如果本村大学生回流，可以在一定程度上解决大学生就业问题（但这并不是他们所要考虑的重点）；他们考虑的更为重要的是，将推动就业作为大学生村官政策的目标之一，将造成大学生村官无法安心在农村扎根并深入进行农村工作，部分大学生村官出于未来职业道路的选择，将农村村务工作的时间用于复习考研、考公务员，反而影响了日常工作。

（3）大学生村官的评价

从调研的情况来看，绝大多数大学生村官都是出于现实考虑，将这一工作作为自己迈出校门的第一个选择。总的来看，不外乎三种想法：一是看中大学生村官的优惠待遇，例如某些城市给予村官期满后公务员考试的加分。近年来，公务员考录条件在具有一定的基层工作经历方面要求较高，如果大学毕业生在毕业时没有考上公务员，他们获得基层工作经历进入机关的一条途径就是当村官。同时，他们认为大学生村官经历也能提前使其适应机关工作，从而在公务员考录过程中增色不少。对于这部分大学毕业生而言，选择当村官是他们进入公务员队伍的一条必经之路。调研中，绝大多数在任大学生村官表示期满后首先选择的职业就是公务员和事业单位也说明了这一点。此外，某些城市还许诺期满后可转为城镇户口，这对外地生源来说，无疑也具有很强的诱惑力。二是没找到合适的工作，觉得大学生村官的待遇还可以，将大学生村官作为一个暂时落脚的选择。具有这部分想法的大学生村官往往对自身的要求不太高，对自己的未来规划不太清楚，对未来的发展比较迷茫。他们对自己的未来发展规划往往受环境因素影响，当了大学生村官后较为适应政府的工作，也认为以后考公务员是较好的出路，继而又期待迈进公务员队伍。例如，一名大学生村官坦言，自己大学本科毕业后，找到的工作不好，工资水平不高、工作强度大、离家远，都让自己不够满意。综合比较，选择了村官。三是自身有明确的理想目标，有远大的抱负，甘于扎根基层，锻炼自己。但是，具有这部分想法的大学生村官比较少，绝大多数大学生村官还是出于前两种选择。

另外，从选择大学生村官作为职业的动机的排序来看，也能说明解决就业这一现实考虑的重要性。排在第一位的是直接的就业需求。大多数受访的大学生村官均直言不讳提到他们报考的直接目的就是就业，尤其是与其他职业相比，大学生村官享受种种优惠政策更促进了其以此作为职业方向。排在第二位的是家庭因素和个人因素。尽管还有部分受访者，尤其是曾经有过工作经历的大学生村官提及家庭、个人因素是其选择大学生村官的重要依据，但这也从另一个侧面体现了大学生村官政策已经成为大学生在选择就业方式时的重要途径之一，即能够满足部分在就业选择时将家庭和其他因素放在第一位的大学生的利益诉求，并且为这部分大学生提供了适合他们的职业。因此，出于家庭因素和个人因素而报考的大学生村官，其根本动机还是就业。排在第三位的是改变农村面貌或其他。有部分大学生村官在接受访谈时提到，选择大学生村官作为职业的一个考虑是希望能够通过自己的努力改变农村的面貌或回报社会，但这一部分的受访者比例较小且在谈及此动机时，也往往在之前首先强调大学生村官政策的各种优惠条件，因此，不宜将改变农村面貌等作为他们选择大学生村官的首要动机。

　　调研中，不少大学生村官坦言自己报考的主要原因就是找份工作谋求生计。他们认为，虽然农村的生活环境存在诸多不便，工作也有苦有乐，但基层工作经验对个人成长还是有帮助的，而且，国家在招考公务员时的政策倾斜也对他们有很大的吸引力。一名大学生村官表示："不能说大学生村官不好，我们也是既得利益者，凭借这个上岸，总算没有白白耗费这两年青春"。从大学生村官个人发展来说，这都是实话。对离任和留任的大学生村官进行比较来看，非本地生源的大学生将这份工作当作就业缓冲的人数更多。

　　谈到续聘和继续扎根农村，不少大学生村官都表示不考虑，除非没有找到他们认为合适的工作。他们认为，续聘只是权宜之计，如果没有选进村"两委"班子，最终还是要离开，依然要面临择业的困难，不如趁年轻尽早找其他工作离开农村。有的大学生村官表示，他们将目前的生活称为"后大学时代"或大学生活的一种延伸，认为只有期满卸任后找到的工作才能称之为工作。期满出路问题也是受访的大学生村官最为关注的一个问题，是他们对政策建议方面提到最多的一个问题，可见他们对自身期满后的道路充满了担忧。绝大多数大学生村官希望政府在公务员录取方面能够继续放宽条件，甚至能够有"直通车"，让大学生村官和公务员直接对接；有些则希望政府能够大力宣传大学生村官工作能力强的优势，引导社会单位认可（目前，除了机关企事业单位、部分国企外，许多社会上的单位都不承认大学生村官的三年工作经历，这不仅让他们感到委屈和心寒，也使得他们不得不都挤向考公务员、进国企的独木桥上，这样的局面是他们当初所未能料到的，让他们感到未来的迷茫）；还有些甚至提出希望政府保证大学生村官今后工作的建议。

3. 政策目标之三：促进人才向农村输入

（1）乡镇干部的评价

　　绝大多数地区在大学生村官的招考上，都没有对专业等个人情况提出更多要求。的确，农村需要大量的人才，但是农村具体需要什么样的人才、大批量招来的大学生村官和人才需求匹配度如何，都在很大程度上影响着大学生能否最终充分发挥作用。

调研中，乡镇干部对待大学生村官的态度主要分为两种：有的地区，乡镇干部把大学生村官政策作为上级安排、部署的任务来完成，将大学生村官作为一个普通的就业群体来看待，将大学生村官工作视为一个岗位，有些乡镇干部仅把大学生村官当成上级政府埋单的劳动力，存在着将大学生村官长期安排在乡镇机关工作的情况；有的地区，乡镇干部则将大学生村官视为宝贵的人才资源，认真做好人才培养、管理、激励等工作，并为大学生村官实现自主创业创造机会，使大学生村官能真正发挥作用。调研中，有前一种想法的乡镇干部不在少数，只不过程度不同而已。

实际上，乡镇一级是大学生村官政策促进人才向农村输送的最大受益者。调研中，尽管乡镇干部纷纷指出当前大学生村官普遍存在专业、语言、生活和思维方式与农村生活格格不入等问题，但却普遍认为大学生村官政策确实促进了人才向农村的输送。作为大学生村官的直接管理者，乡镇将大学生村官分派进村只是表明对各村村务工作的支持，而对大学生村官在村里能做哪些工作其实并不十分关心；而且，当乡镇急需某类专业人才（或者说劳动力）时，可以凭借其行政优势直接从各村抽调大学生村官来帮忙，事实上，很多大学生村官的专业在乡镇一级更能派上用场。

（2）村干部的评价

调研中，受访的村干部坦言现在农村人才流失较为严重，稍微年轻一点都外出打工，能读书的也考出去不愿意回来，目前村里能干事的基本都是岁数比较大的，而对于那些经济发展程度较低的地区，由于缺少吸引人才的主导产业，人才流失现象更为严重。因此，大学生村官的到来，对很多村干部而言确实是人才。但同时，村干部也表示了对大学生村官人才身份的疑惑和担忧：一是大学生村官的专业在农村的不适应。排除大学生村官自身的积极性因素，有些专业确实不适应农村（比如外语、艺术），突然来到一个专业无用武之地的农村，确实让这些大学生村官一下子束手无策，不知道该干点什么。二是大学生村官任职期短对农村工作的不适应。由于农村工作复杂，从事这项工作的人由"门外汉"成长为"行家里手"更需要一个长期的过程，但多数大学生村官的任期为三年，往往刚刚熟悉了农村工作就面临离任的情况。三是大学生村官自身对农村工作的不适应。农村一直以来就是一个熟人社会，打破这个圈子往往很不容易。即便是在经济发展较好、开放程度较高的村，与单位职工同质化程度较高、聚集的目的性一致不同，大学生村官融入农村远比融入一个新单位难得多，这也就限制了他们发挥作用。四是好不容易农村来了年轻的大学生，却被上级机关长期抽调，恐怕乡镇干部也没有把大学生村官当成人才对待。

多数受访的村干部表示，如果可能，他们愿意大学生村官期满后留在村里；同时，也对大学生村官期满后不愿扎根农村表示出了相当的理解：一是农村无法为大学生村官提供更好的发展空间，如果继续留在农村可能会耽误他们的前途。二是大学生村官扎根农村缺乏政策上的保障与支持。就目前政策而言，大学生村官如果期满后续聘，可以按照要求续聘一次，但政策并未对再次期满后的出路做出明确的回答，大学生村官即便想留在村里，也失去了政策的保障，除了通过参加民主选举别无他路，会再次面临走向社会寻找工作的处境。

从调研情况来看，几乎所有村干部都希望村中能够吸引更多的人才，他们认为，当前的大学生村官政策在吸引人才方面发挥的积极作用主要体现在：部分创业型大学生村官任职期满后留村，能够带领当地致富或者为当地致富吸引更多的技术和人才；部分较为优秀的大学生村官确实在村务等方面表现优异，成功竞聘"两委"班子后确实为村里各项工作的开展奠定了基础。尽管村干部对所在村的大学生村官都表现出一定的夸赞，但从他们的话中还是能听出对当前这一政策在引进人才方面的一些负面态度，主要表现在：首先，部分大学生村官的专业与农村生活不相匹配，无法为新农村建设服务；其次，由于语言不通，很多外地大学生村官并不能做到人尽其才，反而部分返乡大学生更能在新农村建设中发挥作用；第三，实际上部分地区的村干部对人才的需求并非那么的迫切，这可能也与近年来有越来越多的大学生返乡有关；第四，较为普遍地存在乡镇与村级争抢大学生村官的现象，受访的大学生村官大多都有过被乡镇抽调或者抽出大量时间为乡镇工作的经历，而村干部对此反响较强，认为乡镇这样做是与村级争抢人才，扭曲了中央实施大学生村官政策的初衷。

（3）大学生村官的评价

从调研情况来看，大部分大学生村官对促进人才向农村输入这一目标持肯定态度。作为人才资源向农村输入，大学生村官主要起到了以下几方面作用：更加规范了农村"两委"的行政工作，促进了农村基层组织建设；引办企业，解决了农村富余劳动力就业问题，并起到了示范带动作用；发挥自身优势，为农民提供了简单的公共服务。但是，大学生村官也提到了几个不利于农村留住人才的问题：一是工资低和社会地位不高。但进一步的访谈会发现这个问题很多大学生村官反而可以看得开，原因就是整个社会大环境就业压力大，相比而言，大学生村官的工资待遇和工作环境还是较好的。二是社会关系的需要。由于工作环境在村里，很多大学生村官感到自己跟周围的村干部、村民并不属于一个阶层，共同语言少，与自己原有的人际交往圈隔离，以至于一些大学生村官产生孤独感。此外，不少大学生村官仅将这一工作当作一个"跳板"，而不是作为自己的事业对待。

从是否愿意继续留在农村生活工作来看，大部分大学生村官表示，还是将参加公务员考试、研究生入学考试、进入城镇事业编制作为未来的首选。这一方面反映了大部分大学生村官仍然将这一政策作为就业的一种过渡；另一方面也反映了与各级公务员、城市事业编制、大型国企等相比，农村基层工作缺少对人才的吸引力。此外，大学生村官期满后留任（在村一级）比例并不高，也说明这一政策在农村引进人才方面的作用非常有限。

被问及当初的报考动机时，受访的大多数大学生村官其实并没有把自己当成人才，也没有树立大学生村官政策是促进人才向农村输入的意识，只是把自己当成普通的就业者，或者是一名时刻准备再就业的人。这种对自己的看轻，主要体现在没有扎根农村的决心，工作的主动性不强、积极性较弱、缺乏责任感和工作认同感。与此同时，部分大学生村官也表示出对外在环境的不满。他们认为，村干部、乡镇干部对他们的态度，以及他们现在主要从事的文字性的简单工作，都是对他们大学毕业生这一人才身份的"亵渎"。部分大学生村官更是委婉地表示出对乡镇对自己缺乏关心和支持的不满，以及对村干部对自己不信任、不能参与村内重要工作的无奈。

整体来看，大学生村官政策确实吸引了一部分人才流向农村，确实在一定程度上为农村经济社会发展作出了贡献。但是，出于现实的考虑，绝大多数的人才——大学生村官，却是"被人才"，他们考虑更多的是就业、发展。调研还发现，根据地区经济发展情况的不同，越是经济条件好的地区，乡镇干部对人才的渴望度就越低，乡镇干部为大学生村官提供的机遇和平台就越少，而相反村干部却希望大学生村官能够帮助自己发展村经济；越是经济条件不好的地区，乡镇干部对人才的渴望度就越高，越是给大学生村官创造良好的发展条件（如创业），相反村干部由于见的世面少，对人才的渴望度就不那么高。

4. 政策目标之四：培养锻炼年轻干部

(1) 乡镇干部的评价

调研中，乡镇干部普遍认为大学生村官的最终发展方向还是公务员，大部分认同大学生村官是党政后备干部的重要来源。但在实际操作中，乡镇干部的态度又分为两种情况：一部分乡镇干部认为党政后备干部是广义上的，而不是现实能为自己提供后备干部的队伍，因此对待大学生村官的态度往往就是重使用、轻培养，在培养锻炼的各个环节做得并不到位；与此相反，另外一部分乡镇干部确实将大学生村官作为党政后备干部来培养锻炼，敢于给大学生村官压担子，敢于放手让他们独立承担具体的某项或某几项工作，有些地区还敢于突破，对优秀的大学生村官提拔使用。

以乡镇组织委员为代表的乡镇干部，普遍认同干部要有基层工作经验。所以，他们并不反对从大学生村官中选录公务员，但却对干部录用时优先考虑大学生村官有所保留。调研中，很多乡镇干部提出质疑，认为现在招录的公务员也会下派到基层先锻炼一段时间，这批公务员的基层工作经验不见得会比大学生村官少。有些乡镇干部甚至表示，理论上说是推荐优秀大学毕业生到农村工作担任大学生村官，但实际情况并非如此，应届毕业生直接报考公务员的反而更加优秀。在这种情况下，如果未来干部提拔还要向大学生村官倾斜，很多乡镇干部表示难以理解。

整体来看，乡镇干部更在意大学生村官的培养和使用，而较少关注大学生村官与一般村干部之间的矛盾。他们普遍认为，大学生村官政策能够培养锻炼一部分年轻干部，同时还有一系列的其他影响，如推动农村民主化进程、改变农村干部结构等。乡镇干部在大学生村官政策上最为关注的是，如何能够实现有效管理和加强培训，如何实现大学生村官个体价值与社会价值的统一，如何选拔大学生村官，以及未来如何促使大学生村官能够留在农村为农村经济社会发展作出贡献等。

（2）村干部的评价

调研中，受访的村干部普遍承认大学生村官入村任职有利于实现农村干部年轻化，在一定程度上改变了工作方法、拓宽了工作思路。几乎所有的村干部（尤其是年龄较长的村干部）都表示，平时对大学生村官的培养非常用心，也非常注意给大学生村官压担子，让他们负责村务中许多最复杂的工作（如计生、收费、拆迁等），使他们得到了极大的锻炼。

但在某种意义上，村干部和大学生村官也是最直接的利益冲突的两极。从村干部来看，大学生村官具有的一系列优势是他们所不能相比的，例如年轻、知识文化水平较高、见识较广、头脑灵活、享受政策优惠等。所有这些有利条件使得与一般村干部相比，大学生村官的晋升之路更为顺畅，这也在一定程度上阻挡了一般村干部的晋升之路。从调研情况来看，这一点表现得非常明显，大多数村干部都会委婉表示，一般村干部晋升的限制条件也应当适当放宽，应该考虑一般村干部的未来出路；也有少部分村干部直接坦言，当前大学生村官享受的政策优惠太过明显，使他们心里非常不平衡。因此，对于如何安排和使用大学生村官，不少受访的村干部也表示，根据这一群体了解农村少、文字能力强、使用电脑能力强的特点，一般并不会给他们安排很重要的工作，而是让他们先做一些抄写以及与电脑有关的事务，待适应一段时间后视情况安排其他工作。与此同时，由于任职期短，相当一部分大学生村官并无意扎根农村，这也使得不少村干部不愿给他们安排重要工作。这样，失去了岗位的支撑，大学生村官如果没有非常强烈的责任感和积极性，最终只能平平碌碌地度过三年任期，成为农村的一个过客。

大学生村官卸职后，有相当一部分考上了公务员或被上级机关以各种形式聘用。对此，村干部认为，这些大学生村官与以往的机关干部不同，因为来自基层，所以更加懂基层。但另一方面，村干部也普遍认为，在目前的情况下，大学生村官的能力锻炼还不够显著。有不少村干部表示，大学生村官的确只是在行政工作能力方面得到了较大提高（如文字能力、宣传海报策划等）；凡是直接和村民打交道的工作（如社区调解），相当多的大学生村官并不会介入；至于村级经济事务，参与的大学生村官更是极少。调研中，一名村干部直言不讳："不解决群众问题，老百姓都不知道，那叫什么村官"。

当然，村干部还是普遍欢迎大学生村官到村民家中走访，以及参与日常事务的处理。之所以目前这方面工作不够，他们认为主要原因在于：一是大学生村官前途未知。一部分明确将考公务员作为任期内生活和工作的主要目标，村干部对此表示理解。二是大学生村官身份不明。包括村干部和大学生村官在内，都难以真正将大学生村官视为本村一分子，因此对其较少约束。三是大学生村官职能不清。村干部的工作和地方政府不同，基层工作不可能采取"朝九晚五"的坐班制，很多时候是24小时战备状态，但是，大学生村官目前的工作状态，不少仍是按照"朝九晚五"来对待，这造成大学生村官无法真正融入工作环境。

（3）大学生村官的评价

调研中，当问及入村任职三年是否真正了解农村，经过三年锻炼能否达到党政后备干部的要求时，受访的大学生村官表达了以下两层意思：一是乡镇干部和村干部没有系统地将大学生村官规划为党政后备干部进行培养。这主要体现在管得少、培养得少、使用得多。乡镇干部更希望达到的一种状态是，让大学生村官在工作中学，在工作中锻炼；乡镇干部和村干部没有给大学生村官设置培养锻炼的岗位，或者很少有大学生村官能够独立负责某项或某几项具体工作，多数大学生村官还是处于四处打杂的状态。二是尽管大学生村官对于乡镇干部给他们布置大量的行政工作多有抱怨，但还是表示，入村任职的经历多少都会对农村工作有一定的了解，而且这些工作也有利于他们提前熟悉公务员工作。

受访的大学生村官对目前的激励约束机制也表示了不满。他们认为，大学生村官的激励约束机制没有很好发挥出他们的作用，既没有资金、出路等方面的激励，惩罚、退出等方面的约束也流于形式，以至于出现了"干多干少一个样、干好干坏一个样"的现象，这在很大程度上影响了大学生村官的工作热情与积极性。

从调研情况来看，绝大多数受访的大学生村官认为，这一政策确实使他们得到了各方面的锻炼，有利于他们的快速成长。不少大学生村官在任期期满后，确实成为农村干部的中流砥柱。这些锻炼，用他们的原话概括就是"和农民建立了比较朴实的情谊，在后来制订工作计划、出台具体措施以及对待农民的态度上，都能够从农民的角度考虑问题，更能客观地开展工作。工作方法、工作思路上得到的锻炼很多"、"经过锻炼后看东西的角度更细更切合实际，做事情更踏实"、"学会了处理一些突发事件的方法"、"为自己今后的工作增加了一份阅历，有了最早的基层工作经验"。如果对这些锻炼加以分类，则体现在：从性格上来看，大部分大学生村官在工作之前对农村生活并不了解，在成为大学生村官后更加适应农村生活，性格也成熟了很多；从工作能力上来看，培养了最基层的工作经验，能够多角度广范围地思考各类问题，工作更为细致，处理突发事件的能力得到提高。但是，也有部分大学生村官对自己的这一经历表示质疑，主要体现在"无法做到学以致用，专业无从开展"、"想得多，做得少，工作得不到支持"。但整体而言，入村任职的经历，对于绝大多数大学生村官性格的塑造和社会经验的丰富起到了很大作用。

佘 宇 秦冬梅 执笔

第三章 对大学生村官政策
目标落差的原因分析

通过利益相关者的相关评价可以发现,大学生村官政策在实际执行过程中,并没有很好达成中央实施这一政策的目标,无论是"事"的目标还是"人"的目标,都存在一定落差,但程度较为不同。总体而言,"事"的目标落差相对较小,"人"的目标落差相对较大。本研究从政策自身及执行、政策的利益相关者(重点分析大学生村官自身因素的影响)、政策实施的外部环境(大学生就业压力、村民自治、乡村社会的生态方面)三个维度对上述落差的原因进行分析。

一、大学生村官政策在执行过程中的主要落差

通过利益相关者的相关评价可以发现,大学生村官政策在实际执行过程中,并没有很好达成中央实施这一政策的目标,无论是"事"的目标还是"人"的目标,都存在一定落差,但程度较为不同。总体而言,"事"的目标落差相对较小,"人"的目标落差相对较大。具体如下。

1. 政策目标之一:推动新农村建设

乡镇干部、村干部以及大学生村官对这一目标的解读较为一致,但由于大

学生村官具体负责的工作不同，在政策执行过程中，政策目标的实现程度差别较大。大体而言，村务型大学生村官的日常工作，更多是体现在实现农村"两委"的办公自动化方面，真正能够独当一面或参与重大决策的少之又少；相较而言，创业型大学生村官在推动农村发展特别是带领村民致富方面，发挥的作用更为显著，但由于自主创业需要具备若干前提条件，因此，真正创业成功的大学生村官并不多。而且，在个别地区，创业型大学生村官实际已经脱离了日常村务，对农村其他社会事业特别是那些与村民直接面对面的事务基本不涉足，自主创业已然从推动新农村建设异化为个人办企业"挣大钱"，这一倾向尤其需要注意。

2. 政策目标之二：引导大学生就业

乡镇干部、村干部以及大学生村官对这一目标的解读高度一致，在就业压力日益严峻的情况下，投身农村基层不失为一种就业途径。乡镇干部、村干部虽然对此表示理解，但也都意见很大，认为这势必造成大学生村官无法安心工作。在他们看来，农村渴望大学生，但仅仅作为缓解一时就业压力而来的大学生，不仅对农村没有太多好处，即便是对于这些大学生自身而言也无裨益（从更长远来看，可能只是在白白浪费光阴，毕竟最终能够考上公务员或事业单位等的人数有限），甚至还会直接打击那些真正想要扎根农村、踏实工作的大学生村官的积极性，长此以往容易带来不良后果。而且，如果一旦各利益相关者均主要从缓解大学生就业压力这一"权宜之计"角度来看待大学生村官政策，将会对这一政策的其他目标带来严重的不利影响。

3. 政策目标之三：促进人才向农村输入

乡镇干部、村干部以及大学生村官对这一目标的解读存在较大差异，主要体现在是否把大学生村官当作宝贵的人才资源对待、是否懂得珍惜与关爱等方面。实际上，不少乡镇干部只是把大学生村官当作普通的就业群体来看待，甚至仅仅作为上级政府埋单的劳动力使用，而且，较为普遍地存在着乡镇与村级"争抢"的情况，扭曲了中央实施这一政策的初衷。即便从大学生村官自身来看，大多数其实也没有把自己当成人才看待，入村任职不过是缓解就业压力或下一步就业的"跳板"。而且，农村基层工作的现状也缺少对人才的有效吸引力，尤其是对那些主要从事文字性简单工作的村务型大学生村官而言，对于村干部的不信任以及不能参与村内重要工作等外在环境，不仅不满甚至无奈。当然，这种不信任实际上与前面分析的"事"的目标有很大关系。

4. 政策目标之四：培养锻炼年轻干部

乡镇干部、村干部以及大学生村官对这一目标的解读也存在一定差异，主要体现在是否把大学生村官当成后备干部、有无完整的干部培养链等方面。实际操作中，不少乡镇干部、村干部对待大学生村官的态度往往是管得少、培养得少、使用得多，除了认识方面的因素外，现实或潜在的利益冲突不可忽视，特别是大学生村官在晋升、选拔上所享受的各种政策优惠太过明显，或多或少会对一般基层干部的未来出路产生影响（或心理的不平衡与攀比）。虽然看到了大学生村官的各种优势以及入村任职起到的积极作用，但由于一些制度（如身份、职能不明、激励约束机制流于形式等）或部分大学生村官自身的原因（如无意扎根农村），大多数大学生村官尤其是村务型的，实际上并没有得到很好的培养锻炼（真正能被压担子的少之又少），即便是那些顺利通过公务员考试的大学生村官，入村任职的经历真正发挥的作用也比较有限。

二、大学生村官政策自身及执行中的问题

1. 大学生村官政策的设计缺陷

（1）多重政策目标的内在矛盾

大学生村官政策从无到有，从单一目标到多重目标，体现出中央对于这一政策的高度重视；但是，从政策的实施效果及相关评价来看，这些目标的实现

程度参差不齐，且"事"的目标对"人"的目标负面影响较大。其中，争议最大的就是引导大学生就业这一"事"的目标。且不论这一政策究竟能在多大程度上缓解大学毕业生的就业压力，从调研的情况来看，无论是在就业规模①（数量）还是质量（稳定）方面，大学生村官政策实际发挥的作用都非常有限，可谓是杯水车薪。

由于不同利益相关者对于政策的解读立场和利益诉求并不完全一致，因而，在政策目标的优先序选择、侧重点方面也可能存在差异，甚至会有所增减。客观来说，相较于"人"的目标，"事"的目标更便于操作，配套措施相对更少，投入资源相对也少，更为地方基层所偏好。进一步分析可以发现，同为"事"的目标，相较于"推动新农村建设"，"引导大学生就业"操作起来更加简便易行，也更为地方基层所偏好。而且，实际执行过程中，"引导大学生就业"往往被简单解读为"缓解就业压力"，只要把大学毕业生招录（或选聘）入村任职即完成任务，至于这种就业是否稳定、质量能否保证等问题，并不为大多数地方基层持续关注。

尤其需要警惕的是，一旦这种"缓解就业压力"的解读成为主流，并在政策实施中不断强化，长此以往，势必造成整个大学生村官政策的临时性与过渡性。这不仅不利于建立政策实施的长效机制，也违背甚至损害了政策的初衷，特别是"人"的目标实现。

（2）大学生村官身份的尴尬

"我们是谁？我们不是学生、不是农民、不是公务员，我们到底是谁？"这是很多大学生村官心中的疑惑，也是大学生村官政策有待进一步明确的内容。从法律角度来看，他们担任的并非真正意义上的村官，岗位性质为"村级组织特设岗位"，是国家开展的选派项目，处于"非官非农"、"非公务员非

---

① 我国大学毕业生的规模逐年扩大，已成为城镇新增劳动力的主体。教育部、人力资源和社会保障部的相关统计数据显示，2007 年大学毕业生为 495 万人，2008 年达到 559 万人，2009 年增至 611 万人，2010 年继续增加到 630 万人，2011 年又增至 660 万人，2012 年达到了 680 万人。另据中组部 2011 年统计，2008 年以来全国累计有 200 多万高校毕业生报名应聘大学生村官，截至 2011 年底，各地累计选聘大学生村官 22.3 万名，在岗 21 万名左右。可见，在岗的大学生村官数量仅占报名应聘数量的 1/10，与每年新增的大学毕业生规模相比，这一比例更低。

村委会成员"的尴尬身份。

虽然 2010 年 10 月 28 日经第十一届全国人大常委会第十七次会议修订后颁布的《村民委员会组织法》中增加了选民登记的内容[1]，授予大学生村官（特别是那些户籍不在本村）"村民"的身份，从而使他们具有合法的选民资格。但是，大学生村官发挥作用仍存在法律层面的障碍：一是户籍不在本村、且在本村居住不到一年的大学生村官，依然无法参与村委会选举；二是即便具有合法的选民资格，如果没能在村委会换届选举中顺利当选，按照《村民委员会组织法》的规定[2]，参与管理村级事务也是受到限制的；三是在村委会换届选举之前，由于不是村委会成员，大学生村官参与管理村级事务同样与《村民委员会组织法》的相关规定有冲突。

从调研情况来看，身份的尴尬，在一定程度上影响了大学生村官的工作积极性，使得他们对入村任职参与村民自治管理，乃至未来职业发展都产生了极大的困惑。进而，也部分解释了为什么一些地区的乡镇干部、村干部在大学生村官的安排和使用上态度消极。

（3）大学生村官的职能定位模糊

大学生村官的职能是驻守村级，还是可以抽调到乡镇甚至县级部门？是有专门负责的工作，还是什么工作都参与、到处"打杂"？虽然政策明确规定，基层政府不得抽调大学生村官；但是，从全国及调研情况来看，长期或不定期抽调大学生村官到乡镇、县级单位使用，或者让大学生村官村级、乡镇"两头担"的并不在少数。长此以往，将无法保证大学生村官在村工作的时间和

---

① 例如，《村民委员会组织法》第十三条规定："村民委员会选举前，应当对下列参加选举的村民进行登记：①户籍在本村并且在本村居住的村民；②户籍在本村，不在本村居住，本人表示参加选举的村民；③户籍不在本村，在本村居住一年以上，本人申请参加选举，并且经村民会议或者村民代表会议同意参加选举的公民。"

② 《村民委员会组织法》第二条第一款规定："村民委员会是村民自我管理、自我教育、自我服务的基层群众性自治组织，实行民主选举、民主决策、民主管理、民主监督"，第六条规定："村民委员会由主任、副主任和委员共三至七人组成"，第十一条明确规定："村民委员会主任、副主任和委员，由村民直接选举产生。任何组织或者个人不得指定、委派或者撤换村委会成员。"由于入村任职的大学生不一定都是本村村民，大学生村官只是与基层政府签订为期 3 年的劳动合同。在这种情况下，大学生村官的这种身份不仅无权参与村委会的选举，还限制了他们参与管理村级事务。

精力，进而影响了大学生村官在村务管理中作用的发挥，更是与中央实施这一政策的初衷相违背。

调研中，一部分大学生村官坦言，自己主要在镇里帮忙，很少参与村务，在服务村级事务和乡镇政府之间不好平衡和取舍，工作职能定位比较模糊。即便是那些坚守在村的大学生村官，也有职能定位上的困惑，相当一部分认为自己不过是村干部的"助理"，只能打杂、跑腿，没有专门分配或负责的工作，甚至不知道该具体做些什么。

2. 大学生村官政策的执行问题

从全国范围及调研情况来看，大学生村官政策在各地的实施效果并不一致。客观条件上，各省（直辖市、自治区）经济社会发展水平不一，工作基础、专项资金、配套政策等的多寡不同，都会成为影响这一政策实施效果的重要因素。主观态度上，是否给予足够的重视、是否结合实际情况管理使用等，也会成为影响大学生村官任职期间发挥作用的主要原因。因此，实施大学生村官政策时，消极的只是完成中央下达指标，积极的则推动市、县参照上级规定再自行追加聘任数量，进而各地大学生村官数量少至几百人、多达上万人，在规模上相差较大，这也造成大学生村官的群体效应、社会影响等方面的明显差距。从这一政策的执行来看，主要存在以下几方面突出问题。

（1）选录标准过于宽泛

当前，大学生村官的选拔标准并不限定申报者所学的专业是否适合农村、是否具备做好农村工作的潜质等。选拔录用标准的宽泛化，致使一些大学生村官"英雄无用武之地"。农村干部、群众普遍希望大学生能给他们带来一些资金、农技、信息、市场等方面的服务，但现实情况是"牛头不对马嘴"。比如，很多理工科出身的被选录到粮食主产区，专业适用性不足，当地对大学生村官的期望与现实产生严重错位。

（2）相关培训效果有限

从调研情况来看，大学生村官的专业五花八门，真正涉及"三农"的并不多，而他们往往也对农村了解并不够。为了帮助大学生村官尽快适应农村环境，岗前相关培训十分必要。例如，有些地区一般要组织新任大学生村官进行为期 3 天的培训，以便帮助他们更好地了解村情。此后，每年还要组织一次为期 2~3 天的区级培训，以及零星的一些乡镇级别的培训。但是，对于大学生村官而言，仅靠这些短期培训远远不能满足他们的需求，对于农村的了解和适应远不是几次培训可以解决的。

（3）日常管理服务缺位

大学生村官任职之前要经过笔试、面试、体检、政审等一整套严格的考核程序和岗前短期培训，但在任职之后，各级部门忽视了跟踪培养、在岗管理，出现了重前期考核、轻日常管理的普遍现象。在部分地区，大学生村官到了农村基层后却长时间处于"无人管"的状态，他们戏称自己是"三不管"人群、"没娘的孩子"。大学生村官入村任职后，如果跟踪培养、培训指导、日常管理等没有及时衔接，他们面对基层复杂情况将束手无策，对如何开展工作、如何认识和克服困难无处请教，出了问题没人管，遇到困难没人帮，容易造成工作被动、积极性受损。

从调研情况来看，由于编制数量有限，乡镇普遍没有设立专门的办公室和人员来管理大学生村官。而兼职的工作人员，受时间、精力的限制，在一定程度上存在着将大学生村官的管理、服务放在应付地位的现象，只有遇到开会、培训等事情才去主动接触大学生村官，没有真正去关心和把握这一群体的想法，对他们平时的关怀也很不够。

（4）相关政策衔接不足

调研中发现，不同省（直辖市、自治区）之间、同一地区不同时期招录的大学生村官之间、中央计划与地方自行招录的大学生村官之间政策保障、待遇标准等并不完全一致。有些地区在政策上不完善、前后脱节，主要考虑下得去、待得住，没有对干得好、流得动进行配套安排，进而引发了大学生村官的不满，影响到他们的工作积极性，有的甚至波及当地社会稳定（例如，部分地区近年来先后发生了几起影响较大的大学生村官群访事件）。

三、来自大学生村官自身因素的影响

乡镇干部、村干部对于大学生村官政策执行落差的影响，前文已经进行了较为充分的讨论，这里不再赘言。接下来，重点分析一下大学生村官自身存在的几方面问题。

1. 报考大学生村官的动机复杂

大体来说，大学毕业生报考这一岗位主要有四种动机：第一种，自己出身于农村，想回到熟悉的农村工作，服务农村发展；第二种，所学专业为涉农专业，想在农村发挥所长，锻炼能力、本领，实现自身价值；第三种，迫于就业压力和受到优惠政策吸引，先有个工作再说，缓解就业压力；第四种，把入村任职作为进入机关事业单位的过渡，为将来参加机关和事业单位招考打基础。其中，先解决就业是大学生村官报考的首要动机。

2. 或妄自菲薄，或自视过高

不少大学生村官过度看重自身身份，把身份作为开展工作的唯一"原点"，主观上认定自己"非官非民"、"非公务员非村委会成员"，身份尴尬从而妄自菲薄，不能积极融入原有的村干部体系，不能主动参与重要问题的讨论、决策，日积月累也就被村干部认定他们只能干一些事务性工作。但也有一些大学生村官认为，自己多少是一名大学生，不仅挤过了"千军万马"的高考"独木桥"，而且还通过了各级组织部门的层层选拔，农村的工作对于他们而言不成问题，思想上有"高人一等"的优越感，难以放下架子和基层干部、群众打成一片。面对村干部交代的工作，存在挑三拣四的现象。他们认为自己不应该只做打电脑、写材料、接打电话这些琐碎的事情，而是应该参与村里"大事"的管理和决策。但是，往往大学生村官并不真正了解所在村的情况，村干部也不敢将涉及村民重大利益的"大事"交代给他们，这就造成了大学生村官对村干部的误会，认为他们不接受自己。

3. 关注今后"出路"，在岗心态不稳

从调研情况来看，相当比例的受访大学生村官并没有树立扎根农村的观念，只是把入村任职当作就业的"跳板"。虽然在村里工作，但首先想的还是一有机会就考研、考公务员，如果聘任期满还未考走，则打算继续受聘，走一步看一步。当然还是有一部分大学生村官确实具有扎根农村干一番事业的意愿，比较珍惜自己目前的岗位，但是，他们对于这一政策的规范性、稳定性心存疑虑，担心政策不能完全兑现或发生变化，对自己的前途和命运具有明显的不确定感。此外，由于个别地区对优惠政策的片面宣传，导致有的大学生村官对今后"出路"期望过高，认为不管干得怎么样，政府都会对这一特殊群体给予特殊照顾。

4. 能力素质与实际需求存在较大差距

从全国及调研的情况来看，有些地区在选聘大学生村官时，存在盲目追求数量、忽视质量的问题。由于大学生村官各自学历、专业、阅历、心态、成长环境及其他方面素质的不同，与农村实际需求存在或多或少的差距，这也导致在工作中发挥作用的程度有高有低。那些熟悉农村环境、综合素养较高、一心扎根农村的大学生村官往往能够更快进入角色，获得党政和群众认可，有的通过推选已成为乡镇后备干部或担任村"两委"主职；而那些对农村比较陌生、综合素养相对较弱的大学生村官，则很难融入农村基层，作用发挥有限，甚至招致负面反映，例如，有的地方就出现大学生村官长期不上班、不参加考核的情况。

四、大学生村官政策实施的外部环境分析

1. 大学毕业生就业压力方面

应该考虑的一个现实是，近年来大学毕业生就业问题日益严峻。教育部、人力资源和社会保障部的相关统计数据显示，2007 年大学毕业生为 495 万人，2008 年达到 559 万人，2009 年增至 611 万人，2010 年继续增加到 630 万人，2011 年又增至 660 万人，2012 年达到了 680 万人，大学毕业生人数再创新高；其中，2007 年有 144 万人未能如期就业，2008 年底大约有 100 万大学毕业生不能就业；《2012 年中国大学生就业报告》显示，在 2011 年毕业的大学生中，有近 57 万人处于失业状态。可见，大学毕业生规模逐年扩大，已经成为城镇新增劳动力的主体，且就业形势非常严峻。另据中国社会科学院的一项调查，毕业半年后应届生的失业率在 15% 左右，而国家统计局统计的城镇劳动者登记失业率平均值为 4%。

基于这种背景，通过选聘一些大学毕业生到农村任职，似乎可以在一定程度上有效缓解其在城市中的就业压力。2008 年，全国共有 14 万余名毕业生奔赴农村基层，比 2007 年增加 44%。截至 2011 年底，全国共有村委会 59.5 万个。这也为大学毕业生就任村官提供了一个平台。在城乡统筹发展、新农村建设背景下，我国广大的农村将逐渐成为大学毕业生就业、创业的一个新领域、新舞台。正如中央不断强调的，大学毕业生是国家宝贵的人才资源，他们的就业是一个涉及全局的重大问题，不仅关系到广大人民群众的切实利益，而且直接影响到经济发展和社会稳定。但是，大学生村官政策不能也不应该只是作为政府缓解大学生就业的"无奈选择"，不能为了就业而谈就业。否则，不仅前文所讨论的那些执行落差难以有效解决，长此以往，对大学生村官政策本身的负面影响将更为严重。

2. 村民自治方面

新中国成立后，随着乡村行政体制的几次改革，特别是农民独立利益主体的确立和政治参与意识的增强，以 1981 年广西宜山县三岔乡一个自发成立的村民委员会为开始，群众自治为主体的村民委员会应运而生并得到大力推广。经过 30 年来的发展，这一村民自治体制也遇到了一些挑战和问题①，既有外部大环境即行政体制改革推进不明显的原因，也受到人力、财力、物力等自身条件的制约。目前一些农村特别是沿海发达地区和城市郊区富裕村，出于提供公共服务的考虑，尝试由乡镇根据工作需要选聘村级干部，由县、乡两级政府支付薪酬，承担县、乡委派的工作，某种意义上促使村委会成员"准干部"化。这种不改变原有乡村两级行政架构的模式创新，既是对村民自治的完善和补充，也是农村基层社会治理模式的一次改革探索。村级"两委"职能转变的过程，是我国农村基层社会治理走向成熟的过程，这一过程中，大学生村官作为一支新生力量又将发挥怎样的作用？

大学生村官是自上而下派来的、带有较强的"行政色彩"，而村民自治是自下而上的自我管理、自我教育、自我服务，二者发生冲突非常正常。大学生村官在其中，将面临角色定位与使命履行等问题。如果没有冲突，那可能有一方妥协了，有以下几种可能性：①"村民自治"仅仅是一种形式；②大学生村官有能力融入村民之中；③大学生村官只是做些边缘性工作而与村民自治的事务没有发生直接冲突，进而游离在村民自治之外。无论是哪一种答案，都会对大学生村官政策的实施效果产生重要影响。

---

① 主要体现在以下几个方面：第一，在选举实践中因为宗族势力、乡村地痞流氓的操纵干扰，村民自治民主体现的不充分、不健全；第二，在现实中村委会承担了太多政务，行政化色彩较为强烈，失去自治的本质属性；第三，乡镇直接通过干部包村等方式直接插手村级事务和账务管理，村一级在财务和人事上不能完全独立；第四，村级"两委"关系没有完全理顺，职责得不到明确界定，存在越权揽权现象，在村里"大事要事谁拍板"上还存在矛盾，具体地说就是，党支部试图领导权力绝对化、事无巨细、一统到底，让村委会无事可干，而村委会希望揽事不松手，不容他人插手，往往架空党支部；第五，也是最主要的一点，就是村民自治的制度设计还不完善，得不到足够的制度支撑。

3. 乡村社会的生态方面

农村区别于城市的一个显著特点，就是因为血缘关系形成的礼俗社会。随着经济社会的快速发展，不可避免会注入各种新鲜血液，农村原有的封闭结构将被逐渐打破。但是，在这一过程中，这些新鲜血液最初是不受欢迎的。农村人际关系复杂，各种家族关系、帮派关系、传统习惯盘根错节，积累形成了特殊的人脉网络。农村的血缘凝聚力会产生巨大的排斥力量，使得外来的新鲜血液知难而退。此外，农村较城市社区而言，村民之间熟悉程度较高，就村干部本身工作而言，日常琐事繁杂，各种利益均需协调，情感关系远远超越工作权限关系。

因此，大学生村官作为一个外来人，突然进入到农村工作后融入较为困难。特别是他们在村民眼中，都是"读过大书"的知识分子。调研中，许多大学生村官都表示，村民并不了解他们，也不想了解他们，都认为他们来到农村是因为找不到工作、或者是来"镀金"，而非真正想为农村做点什么，进而很难与村民建立起相互信任的关系。此外，农村工作的特点决定了外来人很少能够做好。农村工作往往需要的不是多大的知识，更多的是对村情人情的熟悉，以及耐心细致、拿捏到位的工作方法。正因为这样，外来人很少能够在村里较好地开展工作，他们对村情了解的缺乏和年龄阅历上的劣势，使得村民很难接受他们。其实，村干部和村民一样，一时也无法接受大学生村官的到来，往往不会把重要的工作交给他们，客观上造成了大学生村官的"边缘化"。

这种农村社会的排外性，使得大学生村官开展工作的难度加大。从调研情况来看，不少大学生村官表示并非他们对工作懈怠，而是村民的不信任，以及部分村干部的冷淡使他们深感委屈，也让他们无所适从。面对这一客观存在的现象，大学生村官要想干出一番事业，需要付出比在一般单位更多的努力，只有这样才能真正融入农村内部。对他们而言，这无疑是很大的考验与挑战。

佘 宇 执笔

第四章　进一步完善大学生
村官政策的若干建议

　　大学生村官作为青年人才的重要组成部分，也是扎根农村的一支宝贵的新型人才队伍，加强对这一群体的培养，重要性不言而喻。大学生村官政策的进一步完善，既需要中央层面政策的不断创新和及时修正，也需要确保政策在地方的细化、分解和落地。概言之，需要从政策制定、规划设计、具体操作、工作纠偏等各个环节入手，从长效运行机制和激励约束机制两个方面着力。此外，大学生村官政策涉及多层次、多主体利益的一致性与统一性。因此，除这一政策自身的完善外，还需要对政策的实施环境进一步优化，即从部门、高校、社会和农村基层各利益相关者等方面入手加强措施配套。

一、将大学生村官政策作为国家重要的人才战略

　　作为大学生村官政策的转折点，2005 年 6 月中办、国办联合下发的《关于引导和鼓励高校毕业生面向基层就业的意见》明确指出："高校毕业生是国家宝贵的人才资源……积极引导和鼓励高校毕业生面向基层就业，有利于青年人才的健康成长和改善基层人才队伍的结构……"可见，中央是把大学生村官作为宝贵的青年人才来看待的。前文已经明确指出，大学生村官政策现有的多重目标中，"人"的目标是基础，"事"的目标是任务。中央关于这一政策

的成功标准即"下得去、待得住、干得好、流得动"，也正是对如何实现"人"的目标进行了高度概括。人才资源是第一资源，关乎党和国家事业长远发展，而培养造就青年人才更是国家人才队伍建设的一项重要战略任务。大学生村官作为青年人才的重要组成部分，也是扎根农村的一支宝贵的新型人才队伍，加强对这一群体的培养，重要性不言而喻。

1. 从战略高度重视大学生村官政策

做人才工作，首先要有战略思维。从全国及调研的情况来看，有些地方基层对大学生村官政策的长远意义和目标定位理解不深刻、认识不到位，简单地将这一政策的目标解读为缓解大学生就业压力。随着任职期满的大学生村官越来越多，只是一味地把他们看作"包袱"和负担，希望他们尽快"一走了之"，而没有把这一群体当作重要的人才资源，更没有从人才战略工程的高度谋划和推进。针对这一情况，需要从三方面予以纠正：工作规划上，坚持从长计议，制定着眼长远的措施；具体操作中，深入研究面临的新情况、新问题，深刻把握这支新型人才队伍成长的规律性，不急于求成、不揠苗助长；工作方法上，注重科学性，既要关心爱护，又要严格要求，压担子、严考核。

2. 提高政策引导信号的精准度

从调研情况来看，大多数受访的大学生村官在评价现行政策时，对公务员、选调生招考以及提干等优待政策心存疑虑，普遍认为"优先录用"、"政治素质好、实绩突出、群众公认"等措辞不明确，政策方向的引导信号不精准，偏笼统、抽象，不具有操作性；而且，由于缺乏权威、系统、专门的制度规定，各项优惠政策只在一些地区或相关部门的文件中偶尔提到，至于最终是否能够顺利落地和真正得到执行，大学生村官并没有信心。对于这些疑惑，需要逐条予以补充、细化和明确，在国家层面提高信号的精准度，并随着形势的变化不断完善，确保现有政策和工作措施的针对性、时效性、科学性。

3. 强化政策执行力

大学生村官政策的落实程度、执行力度，直接影响到政策的实施效果。有必要成立专门的领导机构和协调制度，定期会商、沟通情况、协同推进，特别是在大学生村官的招录选聘、岗位培训、跟踪培养、配套保障、有序流动等重要环节，明确各相关部门的职责，相互配合。同时，把大学生村官培养工作纳入地方党政工作的年度考核范畴，强化责任。第三，通过增加财政投入，提高大学生村官岗位的吸引力、提升群体的整体素质，形成更好的群体效应、规模效益，最大限度地发挥他们的作用。

4. 发挥制度创新的关键作用

大学生村官政策的顺利推行，需要相应的制度创新作为保障和支撑。对大学生村官的管理不能仅仅停留在"管人头、管人事"，更为重要的是，要为这一群体的成长发展和作用发挥营造一个自由宽松的制度环境。同时，切实把他们当作特殊的青年人才，及早选苗、重点扶持、跟踪培养，进而形成一整套更科学、更高效、更有活力的管理机制。

二、完善大学生村官政策的若干建议

大学生村官政策的进一步完善，既需要中央层面政策的不断创新和及时修正，也需要确保政策在地方的细化、分解和落地。概言之，需要从政策制定、规划设计、具体操作、工作纠偏（规划、准入、跟踪、淘汰）等各个环节入手，从长效运行机制和激励约束机制两个方面着力。

1. 大学生村官政策自身的完善

其中最紧迫的就是，尽快从法律层面消除大学生村官身份的尴尬。作为国家培养人才的长期战略措施，大学生村官政策应该实现制度化、合法化。正如前文所分析的那样，虽然新修改的《村民委员会组织法》已在推动大学生村官具有合法选民资格方面迈出了重要一步，但这一群体在参与村级事务管理、发挥自身作用等方面仍面临法律层面的障碍，大学生村官政策的实施效果也因这一群体角色定位的模糊而大打折扣。因此，下一步需要进一步修改和完善《村民委员会组织法》等相关法律法规，彻底消除这一群体的身份尴尬，并在待遇和工作条件上予以法律保证。这也就意味着，通过立法明确大学生村官的权利义务、政治待遇、岗位职责、培训考核及激励退出等；同时，也为这一政策执行效果进行评价和责任追究提供了合法依据，无论是对地方基层还是大学生村官自身，都能起到很强的约束作用。

2. 进行系统的人力资源培养规划

（1）制定科学、长远的岗位规划

当前，职能部门针对大学生村官群体数量的规划是明确的，但缺乏针对岗位职能的长远规划。因此，下一步的岗位规划应采取"因地因人制宜"、"双向选择"的原则。一方面，农村经济社会发展水平要与大学生村官的知识结构、能力特长相对应。例如，经济较为发达的农村与具有法律、文化类知识特长的大学生村官对应，经济较为落后的农村与具有经济、营销类知识特长的大学生村官对应。另一方面，设岗选聘时要让农民群众拥有选择村官的一部分权力，同时，也在一定范围内适当尊重大学生村官对所任职村的选择。职能部门应充分考虑双方相互选择的意愿，不搞"包办婚姻"或"拉郎配"，从而缩短双方磨合期，尽快产生信任感。

（2）转变导向，清晰定位大学生村官角色

由于部分地区在前期推行大学生村官政策时，对这一群体的岗位性质解释不到位，招聘时重数量、轻质量，又过度、片面宣传一些优惠政策，导致一些大学生村官对自身定位产生偏差，对政策照顾抱有一些不切实际的期望。这不仅影响了大学生村官政策的良性循环和健康发展，而且还可能引发新的社会问题。因此，职能部门在今后的工作中需要进一步明确传播信号：大学生村官不是公务员，是国家有偿支付的带有志愿者性质的工作岗位（中组部最新的表述是"村级组织特设岗位"）。对于任职期满的大学生村官，在"出路"上给予政策支持，切忌大包大揽，避免更大的隐患。通过公务员招考程序优先录用为公务员的，只是其中很小一部分，只能是优中选优、在岗位实践中脱颖而出的大学生村官（当然，正如前面提到的，这些标准的精准度要进一步提高）。

（3）优中选优，及时纳入青年人才库

目前推动新农村建设，确实急需综合素质高的新型人才。青年人才库是一个多层次、多类别、面向社会、实行动态管理的青年人才系统，凝聚了各行业、各系统优秀青年人才。建立这一人才库的目的，是促进青年人力资源的有效开发和利用，为经济社会发展提供坚强的人才保证和智力支持。大学生村官是一支扎根农村的、新型的青年人才群体，对他们中间的优秀分子，职能部门需要及时纳入青年人才库，结合他们的专长和特点，作为"好苗子"在凝聚、培养、宣传、举荐等一系列关键环节提供帮助，积极为他们成长成才、施展才华创造条件。

3. 构建科学、系统的"培养链"管理机制

（1）提高大学生村官的准入门槛

选聘时应充分考虑大学毕业生所学专业、组织管理能力、个人道德素养、成长环境等因素，提高队伍的整体素质，使大学生村官的能力素质在农村基层够用、好用。在选聘大学生村官时，应采取高标准、严要求，提高准入门槛，在以下三个方面加以改进。

第一，在个人条件上，把提高有关硬性指标作为门槛。例如，要求报考大学生总数100%具有本科学历，90%以上是中共党员，60%以上是农村急需的专业毕业，鼓励原籍地或本地生源的毕业生回乡任职。

第二，在选聘方式上，从偏重考试的简单选聘转变为考试和实地考察相结合，注重在考察中优先把那些在校表现好、思想素质过硬、社会实践经验较多、志在农村、能吃苦、敢创新的大学生招聘进来。

第三，在选聘计划安排上，注重当地实际需求、财力支持情况、期满消化能力，合理安排每个年度计划，避免忽冷忽热、时多时少；在具体岗位设计中要统筹性别比例、年龄梯次、专业契合等因素。

（2）完善大学生村官的在岗跟踪

在岗跟踪是一项系统性工作，涵盖大学生村官工作、生活的各个环节。需要在以下三个方面加以改进。

第一，界定工作职责。从当地实际出发，对大学生村官岗位界定职责、分解任务，明确哪些是独立负责或牵头实施的，哪些是协助参与的，并在此基础上实行目标考核管理。工作职责的界定，可以借鉴宁夏、河北等地推行的大学生村官兼任团支部书记、科技特派员、农技推广员、远程教育站点管理员、民事调解员、文化宣传员等办法。

第二，借助新媒体力量。有关调查显示，80%以上的青少年主要通过互联网浏览新闻、获取资讯，运用搜索引擎进行信息检索，通过即时通讯工具进行网上联络和交友，参与网上讨论、娱乐、购物活动等。从目前大学生村官的年龄分布来看，绝大多数都是80后甚至90后，新媒体已经成为他们接受社会信息的主渠道，成为他们喜欢的新的沟通、交流、聚集和联络方式①。因此，可以大胆探索通过即时通信、手机上网和社会性网络服务这三大应用手段来联系、培训、管理、服务大学生村官。目前，中组部、团中央已初步建立了"中国大学生村官之家网"，下一步需要加快建设与升级，使之真正成为主流的、统一的、权威的全国性大学生村官交流联系服务平台。同时，督促指导各地广泛借助短信群、QQ群、飞信群、博客、网络音频、视频、手机报、电子杂志等新媒体作为服务大学生村官的有效渠道和具体手段。

第三，建立工作导师制。调研中发现，多数受访的大学生村官希望乡镇及以上的干部能采取"导师带徒"的方式，帮助他们熟悉情况、运用方法、协调人际关系。有的地方更是通过大学生村官与村干部（主要是村党支部书记）"捆绑式"考核的方式，保证这种"导师带徒"的效果。因此，各地不妨推行这种模式，至于在哪个层级设导师、一个导师带几个人等具体问题，可因地因人灵活设置，最终目的是发挥导师制在实践工作中的"传、帮、带"作用。

---

① 中国青少年研究中心课题组："积极应对新媒体挑战深入开展网络时代青少年与共青团工作研究"，《中国青年研究》，2011年2月。

（3）引入大学生村官的绩效考核模式

对大学生村官的实际表现和工作业绩进行严格考核，是保证这一政策可持续的重要举措。大致的考核办法、考核程序已有明确规定，但一些地方在具体操作中往往流于形式，走走过场，并没有在工作实效上着重强调。针对这一情况，需要把以下三个环节作为考核的硬性指标，缺一不可。

第一，是否在岗。大学生村官是坚持在村里工作，还是被乡镇或上级部门以各种理由长期借用？

第二，在岗表现。评估大学生村官业绩，主要看具体实践以及工作取得的实效。大学生融入基层实践工作是一个渐进的过程，应该在其工作的适应期、成熟期及其发展期进行相应的绩效评价……既要重视对政绩结果的结论性评价，更要重视日常工作过程的监督[①]。

第三，离岗测评。在考录公务员、当选村干部、升学等离岗测评时，要把在农村基层的实际表现和考核结果作为重要依据，避免不认真履职甚至"违约"的道德风险。这方面，四川实行的"三票一测试"值得借鉴，即：竞争选拔时，在乡、村两级进行自身业绩民意票、相互评价票、组织认可票和能力素质测试，确保严格、科学的考核结果。

（4）建立大学生村官动态淘汰的退出机制

建立退出机制是人力资源管理的重要内容。这一机制决定了人处在动态淘汰的环境中，因而能够更好地激发和调动人的积极性、主动性。调研中发现，目前大学生村官的退出方式只有"在岗期间违法违纪而被强制开除"和"服务期满自行离任"两种，这使得这一队伍的优胜劣汰、动态平衡几乎无法保证。尤其是一些适应不了环境、不愿继续任职或由于其他原因长时间不在岗、不履职的大学生村官，在现有制度设计中很难退出[②]，从而影响了整个队伍的形象和这一政策的顺利实施。因此，尽快建立一个允许大学生村官"中途退出"的"动态淘汰"机制，无论对于农村事务正常开展还是大学生村官自身

---

① 李卉："浅谈如何建立大学生村官工作的长效机制"，《网络财富》，2009 年第 13 期。

② 调研中发现，有的地方曾经尝试对个别"违规但不违法"的大学生村官进行辞退，但却因其"上访"以至最后不了了之。因此，基层干部坦言：想要辞退一名大学生村官其实非常困难！

发展，都是一个最高限度降低损失的办法。

三、保障大学生村官政策落实的配套措施

1. 党政部门搭建更富吸引力和激励性的支持平台

（1）探索留任村干部的新模式

实施大学生村官政策的最初目的，就是为了改善村级干部的队伍结构。大学生村官的知识能力优势有利于村级工作的制度化、规范化和办公现代化，平均年龄为25.1岁的大学生村官[①]有利于村级干部年龄结构的改善。中央有关数据显示[②]，大学生村官到村任职、改善村级干部队伍结构的目标得到了部分实现。现行政策也鼓励大学生村官留任村党支部书记或村委会主任，且规定任职村干部后"仍在大学生村官序列，继续享受相关补贴"，能同时拿到当地同级村干部的补贴，也就是说享受两份工资的经济待遇。虽然新修订的《村民委员会组织法》对此开了"口子"，对列入参加选举的村民资格规定如下："①户籍在本村并且在本村居住的村民；②户籍在本村，不在本村居住，本人表示参加选举的村民；③户籍不在本村，在本村居住一年以上，本人申请参加选举，并且经村民会议或者村民代表会议同意参加选举的公民。[③]"但是，大学生村官这种"上级下派"的尴尬身份（当然，不排除本村出身的情况），在任职村干部及参与村务管理的时候仍面临一些障碍[④]。对此，有研究认为"可实行身

---

① 按录用时的年龄计算，数据来自国家统计局山西调查总队2008年大学生村官计划调查。

② 据中组部统计，截至2011年底全国有8.2万名大学生村官进入村"两委"班子。

③ 《中华人民共和国村民委员会组织法（最新修订版）》，法律出版社。

④ 第一，户籍不在本村、且在本村居住不到一年的大学生村官，依然无法参与村委会选举；第二，即便具有合法的选民资格，如果没能在村委会换届选举中顺利当选，按照《村民委员会组织法》的规定，参与管理村级事务也是受到限制的；第三，在村委会换届选举之前，由于不是村委会成员，大学生村官参与管理村级事务同样与《村民委员会组织法》的相关规定有冲突。

份与岗位分离制度，即户口、单位管辖等在城里，工作岗位在农村，服务期满可自主决定去留。[①]"

因此，建议打破制度瓶颈，对于那些任职两年（特别优秀的，可任职一年）的大学生村官，如果获得组织信赖、群众认可，可以视同"落户"，允许参加选举和参与村务管理，并在档案、考核中记录在案，不影响其职业生涯的升迁或创业离岗。这种模式的创新，客观上有利于那些优秀的大学生村官真正成为村级事务的主要承担者，成为村"两委"班子有力的接班人，进而发挥他们独特而重要的作用。当然，大学生村官作为人才，来到农村是为了帮助当地更好地发展，即便没有被选入"两委"班子，作为非选任干部留在村内，也是农村的一笔财富，他们的作用发挥及未来发展同样重要。

（2）在公务员考录、考学深造中给予更多政策优惠

当前干部来源的单一性造就了大学生村官"提干"的客观机遇，相关政策的出台也为优秀大学生村官成为正式的国家公务员提供了必要条件，与此同时，大量把大学生村官纳入基层党政干部培养链的实践案例更是为大学生村官的身份转换渠道奠定了实践基础。有关调查显示，期满考录公务员是大学生村官的首要选项。这方面，现行政策有三项优惠措施：①各级党政机关招考公务员时明确大学生村官录用比例；②乡镇机关补充公务员提高大学生村官考录比例；③选调生主要从大学生村官中招考。政策的优惠指向很清晰，但量化规定比较模糊。虽然中组部等部门2012年7月联合下发的《关于进一步加强大学生村官工作的意见》对于培养使用目标更加明确[②]，但量化规定的表述上仍有进一步改进的空间。

因此，建议各省（直辖市、自治区）在细化本地政策时，可根据本地实际对优惠政策的比例进一步量化（特别是表述方式上）。比如，乡镇以上的党

---

① 万银锋："'大学生村官'：一种值得推广的制度安排——对河南省实施'大学生村官'计划的调查与思考"，《中州学刊》，2007年第4期。

② 经过3至5年努力，平均每个乡镇有2名左右大学生村官担任村"两委"正职尤其是村党组织书记，逐步实现1/3以上行政村有大学生村官担任村"两委"副职及以上干部；每个乡镇至少有1名党政领导班子成员有大学生村官工作经历，每个县（市、区）至少有3至5名部门领导班子成员有大学生村官工作经历。

政机关公务员招录划出6%～8%、乡镇干部招考划出15%～20%、选调生招考划出60%～80%，专门针对大学生村官群体。

另外，针对大学生村官考学深造，现行的优惠政策主要体现在"报考硕士研究生可享受初试总分加10分和在同等条件下优先录取"，建议进一步加大鼓励继续学习的支持力度，将加分幅度按学校招生计划适当调高，同时将此项政策同样适用于报考在职研究生、本科第二学位等的大学生村官。

(3) 完善自主创业的扶持政策

鼓励扶持大学生村官创业是解决其"出路"的重要途径。实践证明，如果主观能动性得到充分激发，大学生村官在政府适当的政策扶持下，完全可以通过自身努力在农村创出一番事业，特别是在推动传统农业快速转型，形成专业化、规模效益、先进的生产组织制度中发挥主力作用。当然，创业不能盲目，意愿、能力和条件，三者缺一不可。

因此，建议有关部门从政策倾斜、开展培训、资金扶持、创业指导四个方面出发，全方位扶持大学生村官积极创业、成功创业。首先，将中央及各地出台的创业优惠政策适用于大学生村官，整合农、林、民政、金融、劳动、工商、税务、扶贫等职能部门的政策资源，在小额贷款、税费减免、农业项目补助、就业见习补助、信息咨询等方面给予支持；其次，中央及各地出台的有关"三农"的扶持政策（例如，农业部门有关农业的中央财政补贴政策等），要明确符合条件的大学生村官和当地农民同等享受；第三，制定大学生村官创业培训计划，相关部门在创业前、创业中都定期开展农业技能、市场营销、企业管理等知识培训，并在技术咨询、项目遴选、信息共享等方面提供全程跟踪服务；第四，多渠道筹集资金，以创业基金的形式①为大学生村官创业提供担保、贴息、补助等服务，帮助他们分担创业风险，提高创业成功率。

---

① 例如，团中央2010年设立1000万元的"大学生村官创业东风基金"；江苏团组织、高校共建创业培训基地，成立创业导师团，建立5500万的省级创业基金，实施青联委员、青商会会员和青年文明号对大学生村官"3+1"的创业帮扶；湖北实施大学生村官"扬帆计划创业基金"，扶持了500个创业项目；河南鹤壁设立大学生村官创业基金2000万元，创业贴息贷款800多万，扶持创业项目682个。这些实践经验取得了很好的实效，可在全国推广实施。

（4）拓展其他分流择业新渠道

大学生村官并不是铁饭碗，相当一部分人期满后将面临分流择业的现实情况。无论是考录公务员、留任村干部，还是自主创业成功、考研等①，竞争都是异常激烈，现有优惠政策的容纳能力有限，无法解决所有大学生村官任职期满后的就业问题，因而，加快形成大学生村官分流择业的导向机制非常重要与迫切。

因此，建议参照针对"40、50"人群的优惠政策，对分流择业的大学生村官在就业培训、企事业单位优先聘用、社保接续、人事档案、户籍管理等方面给予倾斜性照顾和支持，促使大学生村官有序分流，稳定就业。在管理大学生村官的职能部门与企事业单位之间建立日常的联系制度和输入渠道，就大学生村官流动情况、企事业岗位需求做好对接和信息共享，以有利于更好、更高效地吸纳分流大学生村官。

2. 高校创新与转变人才培养模式

（1）建立高校与农村基层"双向"培养模式

基本素质优良是人才选拔、培养的前提条件，高校教育更是人才培养链前端的基础环节。长期以来，我国高等教育体制一直以城市为指向，其培养目标、专业设置、教学内容等方面明显带有为城市的建设和产业而服务的特点，拥有这种知识结构的高校毕业生并不适合也不愿意在农村就业②。

因此，建议农业高校或下设涉农学院（系）的普通院校组织专门师资力量，在做好充分的课程研究、规划和设计的基础上，开设大学生村官相关知识的选修课，为有志于扎根农村任职的大学生提供学习机会。课程内容可以涵盖"三农"理论基础、大学生村官政策解读、典型案例分析、基层工作方法训练以及开展实地考察、调研等方面，帮助大学生全面了解大学生村官的政策内涵

---

① 当然也有其他情况的大学生村官，例如，期满考核合格却想离开农村的，没有考公务员或继续学习意愿的，不合格遭解聘的，他们的就业问题也需要职能部门予以引导和帮助。

② 周玮，吴兆基，王娇，吴玉："高校在大学生村官实践中的对策研究"，《农村经济与科技》，2007年第4期。

和工作实质，储备并学习相关能力和方式方法，为任职后能够更快、更好地适应环境、锻炼提升奠定较好的基础。

（2）有针对性地开展大学生岗位实习和基层实践

虽然大学生的社会实践是在校期间的必修课，但由于种种原因，社会实践往往流于形式，针对性、实效性不强。·突出表现在：实践地点通常集中在学校周边单位，农村较少涉足；实践时间主要限于假期，时间太短导致实践活动浮光掠影；由于农村生活、生产条件等相对艰苦、落后，大学生主观上也大多存在排斥、逃避的倾向。

因此，建议高校选择一些各方面条件具有代表性的农村，建立实践基地①，组织那些有志于扎根农村的大学生前往实习锻炼，提前适应环境、了解工作、接触农民群众。同时，高校也可以推动当地一部分县、乡镇、村等设置"大学生村官"见习岗位，见习期满后经考核满意的可直接录用为服务地的"大学生村官"②。当然，即便是大学生村官任职后，高校作为"娘家"，给予他们后续的智力支持、岗位指导也有理所应当的责任和义务③。高校可以充分利用现代化信息手段与大学生村官建立联系并持续追踪，及时了解他们的工作与生活状况，掌握他们在实际生活和工作中遇到的困难，继续为他们提供后续的服务、帮助和支持。在条件允许的情况下，高校可以将涉农项目与大学生村官所在村进行共建，帮助他们顺利打开工作局面，找到适合所在村特色的发展道路。

（3）"重农"就业观念的引导

当前及今后很长一段时期内，高校需要进一步加强大学生就业观念的引

---

① 例如，河南一些大学将"大学生村官助理"作为大学生暑期实践重点项目之一，对"准大学生村官"提供预先的实践教育和体验机会，这个做法值得推广。

② 王海涛，徐翔："农业高等教育与大学生'村官'计划整合机制探讨"，《江苏高教》，2009年第6期。

③ 例如，中国农业大学近年来发挥科技优势服务"三农"，保障大学生村官安心工作，为各高校提供了借鉴经验。学校每年拿出150万元的专项经费，用于奖励包括大学生村官在内的服务基层的毕业生；坚持以多种形式与大学生村官保持联系；多次组织相关专家、教授到京郊农村给大学生村官提供技术资源上的支持和帮助。此外，像河南农业大学在这方面也做过一些有益的探索，该校组织了大学生村官论坛，邀请现任的大学生村官回到母校现身说法，交流经验，让更多的在校大学生了解更多有关农村的实际情况，同时，也让现任的大学生村官感到学校对自己的重视，增加他们自身的荣誉感。

导，特别是在就业指导中加大"重农"观念的宣传，使大学生对农村、农业、农民有一个全面的、理性的认识。"重农"观念不是一般意义上的"重农主义"，而是在目前"三农"仍然处于弱势局面的大背景下，提出的一种就业创业的倡议方向。社会转型也给农业、农村的发展创造了新的机会，中央也出台了一系列鼓励和优惠政策，这为有理想、有抱负、有创造力的当代大学生提供了前所未有的机遇和舞台。同时，农村的发展也需要素质优良、扎实肯干的大学生扎根服务。

因此，建议高校通过政策宣讲、思想教育课、党团活动、校园网互动、大学生村官先进事迹报告会、风采展示活动、就业咨询指导等方式，改变大学生在就业中排斥甚至歧视农村的观念，大力引导大学生"到农村去，到基层去，到祖国最需要的地方去"，鼓励大学生到农村任职大学生村官，充分施展才华、造福农民群众，实现自己的人生价值。

3. 社会建立良性的激励机制

（1）营造正向激励的外部环境

在认同工作是谋生手段后，大学生更期望在工作岗位上去实现自己的人生价值。实现价值认同的一项重要内容就是：在工作选择前受到社会外部环境的良好引导，在工作过程中受到社会外部环境的正向激励，在获得工作业绩时受到社会外部环境的肯定和认可。

涂海燕对重庆高校大学生所作的"大学生到西部农村基层就业的阻碍因素归类"的数据显示，社会环境的影响因素对大学生的就业选择有很大影响。所以，外部客观环境的有效改善，在一定程度上能够较大地激励大学生村官在基层扎实工作，促进农村的发展。特别是，当前传统二元制结构产生的"跳农门"思想在农村影响还较大，上大学就是农村人改变命运的重要途径。在这种观念的制约下，大学生村官从城市回流农村就业，客观上面临一个被质疑的局面，外部正向激励环境的建立在此时尤为重要。可以采取的具体措施，主要包括舆论引导、政策宣传、提高心理认同度、提供切实物质帮助等，这些都是正向激励的有效做法。

（2）塑造理性宽容的社会舆论环境

首先，要大力宣传大学生村官的典型事迹。大量案例表明，一部分大学生村官在农村工作中取得了较大的成绩，得到了当地农民的认可，实现了自己的价值追求。这些优秀大学生村官是鼓励大学毕业生在基层就业的最佳教材和案例，也为那些同样选择入村任职的大学毕业生提供了学习的蓝本。因此，建议大力推动各级电视、报刊、杂志、网络等主流媒体对优秀大学生村官的事迹进行宣传，对他们成功的经验加以总结推广，促进农村基层干部和群众对大学生村官的心理认同。同时，利用手机、网络等新媒体，在大学生村官群体内部传播、推荐一些先进事迹视频或专题片，解析、分享他们的成长故事、心路历程和创业经验，激发他们在农村基层"能干事、干成事"的信心。

其次，要理性善待大学生村官。大学生村官是近年来舆论关注的热点之一。社会舆论应在两个方面予以修正：一是通过政策宣传，引导广大群众理解大学生村官政策对农村经济社会发展的重大意义，促使他们了解、支持和参与。二是塑造一个理性宽容的舆论环境。客观来看，寄希望于仅靠一个大学生村官来解决村里所有问题、带来翻天覆地的新变化，各个方面现有的条件并不充分。因此，要引导舆论对大学生村官政策从感性了解上升至理性认知，从关注他们的"辉煌业绩"转移到关注他们的成长锻炼的所思所得。既要引导舆论适度对待这个群体，既不忽视他们，也不过度关注，免得拔苗助长、干扰工作；也要引导舆论宽容、理性对待这个群体的一些不足和工作中出现的问题，允许他们犯错，给他们足够的成长空间。

（3）优化大学生村官工作生活的物质条件

喻永红、李志对大学生职业价值观的调查表明，大学生的择业动机主要呈现出经济收入和自身发展的双元化特征，其中经济收入是大学生最为关注的因素。农村基层条件艰苦，大部分大学生村官作为"外来户"，面临着陌生的工作环境，除了需要乡、村两级为他们提供工作、食宿、通讯、交通、卫生保健、人身安全等方面的支持外，适当提高经济收入来保障农村就业、生活质量的愿望也很强烈。因此，建议基层组织尽己所能地为他们优化工作、生活条件，体现一种关心、欢迎的态度。同时，动员各方社会力量，给予财力、人力、物力等资源支持，把大学生村官这个渠道作为创建城乡共建、城市反哺农村的一种模式，帮助大学生村官解决工作、生活方面的实际困难，为他们的成长创造优良的外部环境。

4. 农村基层达成各利益相关者的合作共识

（1）提高村干部对政策的认同

村干部对于大学生村官政策的认同程度直接影响着这一政策实施的效果。因此，建议各级政府通过各种渠道加大对大学生村官政策的解读和宣传，使村干部了解、认可这一政策，使他们认识到这一政策不仅仅是为了缓解就业压力，更为重要的是推动新农村建设和培养后备干部的战略性举措，是一项长期工程；大学生村官到农村不是来与村干部竞争，而是协助他们工作，大学生村官具备的新知识、新观念与村干部丰富的社会经验、工作能力结合起来，对农村社会经济建设大有裨益。

日常的工作中，建议乡镇加强村干部与大学生村官共同参加的培训与互动，使双方在活动中相互了解、相互信任，并在必要时应赋予大学生村官一定的权力，让他们实实在在参与乡镇与村级重大事项的决策，而不是仅仅做些事务性工作。通过提高乡镇的重视和关注，引导村干部大力支持大学生村官开展工作，而不是由于年纪轻、缺乏工作经验等原因轻视他们；切实将大学生村官当成人才使用和培养，而不是简单地当成劳动力使用。

当然，大学生村官也要遵守组织纪律，充分尊重村党支部书记、村委会主任等村干部，多向他们学习请教，妥善处理与他们的关系，运用特长优势积极发挥作用，帮助、支持他们开展工作；要遵循纪律准则，不能越过村干部直接指挥，更不能自立山头、自搞一套。

（2）增加普通村民对政策的信任

大学生村官政策充分发挥作用、取得预期效果，不仅需要村干部的认同，更为重要的是，要得到广大村民信任和接受。调研中发现，大学生村官初到农村，大部分村民会认为有些突兀，他们不能理解有知识、有文化的大学生为什么会回到农村当起了村官。这种不理解，可能会让村民形成大学生村官是受就业形势所迫、或是到农村来"镀金"，而非真心实意想要服务农村的印象。因此，建议在农村深入宣传大学生村官政策的重要性，以及大学生村官能够发挥的作用，改变村民对大学生村官的误解，从而获得村民的认同和支持。

当然，大学生村官自身言行也在影响着村民对他们的看法。有必要引导和要求大学生村官入村后，深入群众，了解基本村情等情况，让村民真切感到大学生村官是真心实意为他们着想，进而在心理上对大学生村官这一群体产生认同和信任。大学生村官自身，也要培养群众观念，主动深入田间地头农家，穿"农"衣、说"农"话、干"农"活，时刻了解村情民情，与普通群众打成一片；要结合自身情况，从自身力所能及的事、农民最关心的事做起，结合自身优势找准工作结合点和切入点，真正干成一两件让群众看得见、摸得着、体会深的好事、实事，从而真正做到知百姓忧、解百姓难。

（3）加深大学生村官对政策的理解

大学生村官的报考动机对政策的实施效果产生着决定性影响。从普遍动机来看，一些大学毕业生并没有正确认识这一政策的实质精神，报考背后或多或少都夹杂着现实与无奈。因此，建议政府和高校通过多种形式的政策宣传，使他们真正领会和理解政策实施的目标，增强他们选择的主动性，避免报考的盲目性。针对在校大学生开展的政策宣传，不能简单张贴一纸公文，而要通过政策咨询、宣传演讲等形式，促进他们全面了解政策出台的背景，使他们对新农村建设的长期性和艰巨性有清醒的认识，帮助他们正确面对农村的实际情况，做出理性、积极的选择。

四、其他需要进一步探讨的问题

1. 发挥大学生村官社团组织（或自组织）的作用

组织归属感对于激发个人的工作状态、内在动力至关重要。职能部门可以通过分区域、分层次引导、培育专门的大学生村官社团组织（或自组织），以调动这一群体的自身力量；同时，创新服务机制，努力为大学生村官的学习、工作和发展开辟路径、创造条件、提供支持，最大限度调动和发挥好他们的积极性和创造性，增强他们的凝聚力和归属感。这方面，河南探索在省、市、县三个层级建立大学生村官联谊会，作为各级青联的分会，在乡镇一级建立"书记直选"的大学生村官团支部，成立大学生村官个人专长和兴趣各类小组；北京市平谷区大力推行大学生新农村建设交流服务社；江苏丰县大学生村官自行成立了团组织并挂靠在县团委等等。这些大学生村官社团组织（或自组织）的建设，起到了联系覆盖、掌握动态、了解需求、提供服务的作用，是对职能部门日常工作的有益补充，值得认真研究总结，并在全国层面逐步推广。

2. 注意大学生村官群体自身特征带来的相关问题

大学生村官群体年龄、性别等方面的特征也会产生一些问题，其中最为突出的就是他们的婚姻及家庭。从调研情况来看，这一群体入村任职时的普遍年龄在 23～24 岁（主要是与大学生村官的招录条件相关，绝大多数是应届大学毕业生），三年任期结束时平均年龄在 26～27 岁；大学生村官的性别构成上，虽然各地略有差异，但大体上还是女多男少（这也与社会大环境中女性就业相对弱势密切相关，且女性报考大学生村官的比例更高）。由于大学生村官的工作、生活主要在农村基层，条件艰苦，且与原有的社会交际网络相对割裂，所以这一群体的婚姻及家庭问题相对比较突出。此外，如果三年任期结束时，按照现有政策规定，再续聘三年后仍然未能当选村"两委"，大学生村官是需要自谋出路的。但是，此时他们的年龄已经接近或达到 30 岁，加之社会对大学生村官这一经历的认可度并不高，他们的再就业问题也值得特别关注。因此，诸如此类因群体自身特征带来的相关问题，下一步也应该在具体配套措施上加以考虑。

3. 防止大学生村官成为"特权"群体

为了引导和鼓励大学毕业生积极应聘入村任职，中央先后出台了一系列优惠政策。其中，最具有代表性、也是力度最大的莫过于中组部等多部门于2012年7月联合下发的《关于进一步加强大学生村官工作的意见》。《意见》进一步明确了大学生村官培养使用目标，即"经过3至5年努力，平均每个乡镇有2名左右大学生村官担任村'两委'正职尤其是村党组织书记，逐步实现1/3以上行政村有大学生村官担任村'两委'副职及以上干部；每个乡镇至少有1名党政领导班子成员有大学生村官工作经历；每个县（市、区）至少有3至5名部门领导班子成员有大学生村官工作经历。"在晋升方面，明确提出："经过3至5年，面向大学生村官定向考录公务员的比例一般应达到当年公务员录用计划的15%左右，其中定向考录乡镇公务员的比例一般应达到30%；除实行职业资格准入和专业限制的岗位之外，达到县（市、区）、乡镇事业单位公开招聘岗位数量的30%左右……经过1年至2年，面向大学生村官录用选调生的比例一般应达到当年选调生录用计划的70%以上，逐步实现选调生工作与大学生村官工作并轨……优秀大学生村官可通过公开选拔、换届选举等途径担任乡科级领导干部，其中特别优秀的，可以破格提拔。"这样"硬性划块"的政策倾斜使得大学生村官进入基层干部队伍得到更坚实的保障。

不仅如此，2013年的国家公务员考试录用公务员公告更是首次明确了对有相关基层工作经验人员的招考比例，即"中央机关及其省级直属机构除特殊职位外，全部招录具有2年以上基层工作经历的人员，其中，12%左右的职位专门用于招收服务期满、考核合格的大学生村官、'三支一扶'计划、'农村义务教育阶段学校教师特设岗位计划'、'大学生志愿服务西部计划'等服务基层项目人员①；中央直属机构市（地）级职位、县（区）级及以下职位（含参照公务员法管理的事业单位），10%左右的职位专门用于招录服务期满、考核合格的大学生村官等服务基层项目人员。"大学生村官名列各类服务基层项目人员首位，重要性不言自明。

需要注意的是，虽然通过一系列激励和保障措施体现大学生村官政策的导向性无可厚非，而且，这也是现阶段推动政策目标（其中，最重要的目标就

---

① 2012年，中央机关用于招收大学生村官等服务基层项目人员的计划为10%，省级以上党政机关对招收计划没有做要求。

是大学毕业生能够扎根农村、安心工作、发挥作用）尽快达成的必要保障；但是，这一政策的诸多优惠客观上也会导致其他群体攀比，特别是乡镇干部、村干部等利益相关者。从调研的情况来看，他们或多或少都对此委婉地表示出了不满，认为大学生村官在一定程度上妨碍了他们的晋升。这也是造成政策执行落差不可忽视的重要原因之一。而且，政策制定得越有利于村官的地区，越要警惕政策被某些人利用，进而产生腐败。例如，调研中，就有受访的大学生村官直言，身边个别大学生村官的家庭成员，至少有父母一方或者近亲是来自公务员队伍（经过追问，潜台词就是当地干部）。为了防止出现这种情况，一个可供参考的选项是，尽可能实现大学生村官政策与其他政策的整合、配套，特别是在基层尽可能实现资源的有效利用。这样不仅可以避免其他群体的盲目攀比，也能杜绝报考大学生村官的投机倾向，进而最大限度缩小执行落差、真正实现政策出台的初衷。最后，如果未来大学生村官的发展方向主要定位于培养党政后备干部、并进入公务员队伍，那么更应该提前做好未来制度整合的预案，以免届时付出更高昂的成本，其他领域相关制度碎片化的前车之鉴值得吸取。

4. 大学生村官群体未来发展的可能选项

从有关文件的表述来看，中央实施大学生村官政策的一项重要目标就是"有利于青年人才的健康成长和改善基层人才队伍的结构"，换言之，中央是把这一群体当作宝贵的青年人才来看待。除了现有的通过留村任职工作、考录公务员、自主创业发展、另行择业、继续学习深造等"五条出路"实现大学生村官有序流动外，这一群体的未来发展其实还可以有别的选项，即：农民利益代言人、农村政治影响力崛起的潜在领袖，以及党政联系群众的桥梁和纽带。

随着农村经济社会进一步发展、以村民自治为表现形式的基层民主模式逐步完善，农民阶层的政治影响力将得到提升。无论从农民选举票数和人大代表比例的增加，还是从农民组织化程度的提高①，以及专业合作组织的功能演化②都可以预见这一趋势。未来，有知识、有技能、有抱负并且在农村基层具有群众基础的大学生村官，最有可能成为农民政治影响力的潜在领导者，进而发挥其独特而重要的作用。不仅如此，大学生村官长期扎根农村，熟悉农村社情民情、通晓农民语系和农村基层特定的社会规则，同时自身素质、工作特性也决定了其懂得如何对外沟通协调、如何更好与政府"打交道"。因此，这一群体也能成为政府倾听民声、集中民智、改善民生的信息渠道，进行高效率、低成本的信息传导。这方面，一些地方已经开始了有益探索③。同时，在农村基层出现群体性事件时，也可作为农民代言人，与政府进行理性、有效的沟通协调，从而化解矛盾、增进和谐。

佘　宇　吴魁秋　执笔

---

① 随着中央对农民专业合作社的大力扶持，以专业合作社为主体的农村经济合作组织将得到迅猛发展。农业部有关数据显示，截至 2010 年底，农民专业合作社已达到 36 万家左右，入社农户达到 2800 万户左右，约占全国农户总数的 10%。随着时间的推移，农民组织化程度的提高将成为必然趋势。

② 以韩国农协为例，这个 1961 年由农民出资自助组织起来的生产协同团体，其功能从最初的提高农业生产力水平、增加农民收入发展到后来的履行指导和参与农业流通业、物资供应、加工、销售、金融、保险、福利等综合职能，人数发展到几百万之众。最主要的是其组织功能也发生了重大演化，除有强大的经济功能外还作为一种独立的政治力量，通过游说、公开运动、和平示威、影响选举、停止合作等方式对政府部门施加影响，使其在政策的制订和执行中必须考虑农民利益，否则就会动摇其执政基础。（董进才："专业合作社农民政治参与状况分析——基于浙江省示范合作社的调查"，《农业经济问题》，2009 年第 9 期）

③ 例如，四川省武胜县纪委监察局聘任 31 名大学生村官担任县纪检监察工作特约信访信息员，直接向县纪委反映基层群众的愿望和呼声。这批特约信访信息员的主要职责包括：向农村广大党员干部和群众宣传党纪、党规、相关法律法规以及党和国家的各项方针政策；了解粮食直补、退耕还林等强农惠农政策落实情况、"三资"管理以及损害群众利益的不正之风等情况；反映党务、政务、村务公开，村民监督委员会监督作用发挥等民主监督方面落实的情况；及时发现关于农村党员领导干部违纪违法的信访举报线索等。特约信访信息员撰写的信息将直报该县纪委监察局。（《中国青年报》2012 年 4 月 13 日）

中篇 | 专题报告

专题一 大学生村官创业"热"的冷思考

随着大学生村官政策在全国范围的全面铺开，这一群体的创业热潮也席卷各地并日益成为媒体焦点。从全国及调研的情况来看，虽然大学生村官创业确实在一定程度上带动了当地农村经济发展，并解决了一部分大学生村官的未来出路问题；但总体而言，由于受到诸多因素的影响，各地大学生村官创业的效果不仅差异较大，而且真正创业成功的大学生村官并不多见。为此，本文从大学生村官创业的历史与现状入手，对这一群体创业成功的影响因素、可能存在的风险以及负面影响等进行深入分析，进而对大学生村官创业的未来发展进行展望。

一、大学生村官创业的历史与现状

从推动农村经济社会发展的角度来看，大学生村官政策自诞生之日起就与"创业"紧密联系。回顾历史不难发现，早在 1995 年，江苏省丰县选聘第一批"雏鹰工程"13 名大学毕业生入村任职，实际上就是要他们担负起帮助当地农村脱贫致富的重任，当时也确有部分大学生村官通过各种努力帮助所在村开展农业生产，提高农民生活水平。1999 年海南省局部地区开始公开选拔大学生村官时，所使用的名称大多是"农村奔小康工作队"，直接目的很明确，就是带领当地村民改善农村经济面貌，也出现了不少"队员"尝试各种发展农村经济方式的事例。可以说，广义的大学生村官创业由来已久。

　　但是，当前"大学生村官创业"的含义已发生改变，主要是指大学生村官通过使用各种优惠政策，独立进行项目培育，在农村成立经济实体，带动农村经济发展。与过去大学生村官在农村发展经济的措施相比，当前的"创业"更加突出了这一群体的创造性和独立性，强调其独立创办、组织、经营经济实体的行为。这也正是本文所说的大学生村官创业。

　　关于当前大学生村官创业的表述，可以追溯到 2008 年 8 月中组部出台的《选聘高校毕业生到村任职工作有关问题的答复意见》，该意见明确要求各地支持到村任职高校毕业生在农村创业。2009 年 4 月 7 日中组部联合相关职能部门出台的《关于建立选聘高校毕业生到村任职工作长效机制的意见》（组通字〔2009〕21 号），对扶持大学生村官自主创业更是进行了明确部署。在各级党委、政府的大力推动下，大学生村官以及这一群体的创业情况逐渐引起社会各界的普遍关注。为了响应中央号召，北京、江苏、陕西、四川、河南等地分别制定了相关政策，推动大学生村官创业工作的开展。

表 1.1　　　　　近些年中央关于大学生村官创业政策的主要论述

时间	来源	主要涉及内容
2008 年 8 月	《选聘高校毕业生到村任职工作有关问题的答复意见》	要注重开展创业培训，引导和支持到村任职高校毕业生在农村创业
2009 年 4 月	《关于建立选聘高校毕业生到村任职工作长效机制的意见》	鼓励和支持大学生"村官"发挥自身优势和专业特长，立足农村农业实际自主创业，为社会主义新农村建设作出贡献。各地要结合实际，建设和完善一批投资小、见效快的大学生"村官"创业园和创业孵化基地，认真落实高校毕业生创业的各项优惠、扶持政策，重点帮助和支持那些有创业意愿、创业能力、创业优势的大学生"村官"，带领群众创业致富
2011 年 11 月	中共中央政治局委员、中央书记处书记、中组部部长李源潮在全国大学生村官培训班上的讲话	要勇于创新创业，帮助农民开拓致富新路

根据中组部调查，截至 2012 年 6 月，全国共有 3 万名大学生村官创办致富项目 2 万多个，总投资 60.8 亿元，领办创办各类专业合作社 6451 个，为 24.3 万名村民提供了就业岗位。另据团中央 2010 年开展的 25 个省（直辖市、自治区）106811 名大学生村官摸底调查数据显示，大学生村官中有创业项目的 19527 人，其中独立创业的 6016 人，分别占样本总人数的 18.3% 和 5.7%。从全国及调研的情况来看，大学生村官创业项目大部分集中在种植业、林业渔业等传统农业项目，只有部分大学生村官能够因地制宜地进入旅游业、手工制造业以及其他产业。

从各地对大学生村官创业的政策支持来看，主要可以分为以下五类：一是资金支持（体现在金融信贷方面的优惠），包括贷款额度、贷款利率、贷款担保方式、还款方式以及提供专门创业基金等；二是行政管理支持，包括降低大学生村官创业实体注册、工商管理费用以及税收优惠的方式降低创业项目运营成本；三是技术和市场培训，包括对大学生创业村官、农业技术人员和外出务工农民的培训以及组织大学生村官参与创业交流等；四是创业配套设施和制度的完善，例如完善土地流转承包制度、批准规划大学生村官创业园、积极探索有效的创业形式等；五是采取各种方式对大学生村官创业项目进行大力宣传。

尽管各地均采取了一系列政策大力推动大学生村官创业项目，但总体而言，大学生村官创业在全国开展得并不平衡。例如，从徐州、海南两地调研的情况来看，这种差异主要表现在以下两个方面：首先，尽管都存在创业意愿，但徐州大学生村官创业的主动性更强、目的也更明确，其主要目的就是为了通过发展产业带动村里致富，而海南大学生村官的主要目的则更多可能是从责任心出发想做一点事情；其次，创业意愿的差异也带来创业规模的不同，徐州大学生村官创业已颇具规模、且这一群体在发展方向上已出现截然不同的两条道路——创业型大学生村官和村务型大学生村官，而海南大学生村官创业数量很少、规模也比较小，主要工作还是处理村务。

二、大学生村官创业的影响因素分析

1. 当地经济发展水平

大学生村官创业最基本的目的是自己致富以及带领全村致富。因此，创业意愿是否强烈，与当地经济发展水平密切相关。如果一个地区经济发展比较落后、且想迅速脱贫，创业、招商等工作一般会落到大学生村官身上，这也使得村"两委"和乡镇对大学生村官创业非常支持。换言之，如果某一地区经济发展比较落后，则当地村民通常缺少知识、经验和技术，当地也没有致富带头人，这也给大学生村官在创业上发挥作用留有较大的余地。但是，如果一个地区经济较为发达，就可能有两种情景：一是当地经济发展本已走上正轨，不需要大学生村官在这方面发挥作用；二是大学生村官创业中可能出现的问题容易被放大，进而会造成不必要的损失。从舟山、丰县和海南三地的调研情况来看，相较而言，处于苏北地区的丰县经济发展较为落后，因此，组织部门非常重视大学生村官在领导当地农民致富过程中所发挥的作用，最重要的举措就是大力扶持由大学生村官创办的各种形式的创业项目。对于大学生村官而言，经济发展较为落后也意味着当地农村具有较大的经济发展潜力，而且，经济发展较为落后还意味着劳动力、土地等资源成本相对较低。因此，较大的发展潜力和较低的成本促使当地大学生村官创业热情高涨，从而使创业项目开展得比较红火。

2. 当地政府的支持力度

大学生村官创业能否顺利进行，最关键的因素仍在于当地政府是否支持。如果有政策支持以及相应的优惠条件，则大学生村官创业通常会蓬勃的发展。这是因为：一方面，政策支持起到的是一种导向作用，可以引导大学生村官朝之发展，同时，也引导村"两委"和乡镇在这个方向上培养大学生村官；另一方面，政策支持多表现在优惠项目可以更多地吸引大学生村官和地方资金、技术结合，以丰县欢口镇创业园为例，该园四名创业人员两人为大学生村官，另两人为技术人员和生产大户，大学生村官之所以能够吸引到上述两人抱团，很大程度上得益于其享受的优惠政策。因此，从这个角度来看，政府支持是大学生村官创业成功与否的最关键因素。具体而言，政策支持又可以包含许多不同内容：目前在全国各省区普遍采取的大学生村官创业的资金信贷优惠政策可以在很大程度上解决大学生村官创业项目的资金问题；土地规划以及税收优惠等政策，可以降低大学生村官创业的成本（以土地为例，丰县大学生村官创业园之所以能够创办并蓬勃发展，很大的一个优惠措施就在于当地土地流转制度保证大学生村官创业能够获得大片闲置土地）；创业培训、技术指导等相关政策，则可以有的放矢地提高大学生村官的创业能力，降低其因为自身经验、专业知识等缺乏而导致创业失败的风险；项目交流、成果展示等，则可以为大学生村官创业开辟新的思路，提高其创业的灵活性和主动性。

3. 当地自然禀赋的结合

大学生村官创业成功的又一关键因素，在于能否与当地的自然禀赋较好结合。我国国土幅员辽阔，北方与南方，东、中、西部农村地区在自然资源、技术、劳动力市场、销售市场等方面存在很大差异。因此，大学生村官创业应当因时、因地制宜而不能照搬照抄某一种模式。调研中发现，在传统种植业较为发达的苏北地区，大学生村官创业项目主要集中于温带经济作物的种植和销售。一方面，这是由于当地自然条件非常适宜温带蔬菜、水果、花卉等经济作物的生长；另一方面，则是因为当地及周边地区的农民在长期农业生产过程中养成了种植温带经济作物的习惯，并积累了大量的农业技术知识。而在海南农村，大学生村官创业项目则以养殖水产品，以及热带水果等经济作物为主，其主要原因同样在于当地自然气候以及拥有一批具有水产品养殖和热带水果种植经验的大学生村官及当地劳动力。此外，调研中还发现，随着城镇化快速发展、农村剩余劳动力逐步向周边城市转移，在那些距离城市较近或城镇化水平较高的农村地区，部分大学生村官创业项目选择了服装厂等劳动密集型产业。这既解决了在城镇化过程中农村剩余劳动力的就业问题，同时也较好利用了城镇化过程中产业结构调整和转移为农村带来的改革红利。

4. 大学生村官的自身素质

大学生村官的自身素质对创业项目成功与否影响巨大。这些自身素质，既包括专业知识，创业热情①等较为容易理解和接受的因素，还包括性别、生源、观念②等隐藏其后、不易为人所察觉的因素。通过对比丰县和海南省定安县、海口市琼山区的大学生村官，可以发现：从性别来看，在创业型大学生村官中，男性所占比重远超过女性③，且男性大学生村官在创业项目中所发挥的作用也超过女性大学生村官，尤其是在创业初期和招商销售方面更为明显；从专业来看，经济学、农学背景的大学生村官在创业时更加得心应手，而行政管理、中文、历史等专业的大学生村官，其创业中遇到的困难会更大些；从生源来看，来自较为发达地区或生源地有便利条件的大学生村官，创业更为方便。例如，丰县"汉邦骄子"创始人之一的王正波，来自山东寿光，正是由他在"汉邦骄子"初创期牵线搭桥引进了寿光的大棚蔬菜种植技术。

5. 大学生村官的未来出路

除上述影响因素外，大学生村官政策设计本身对其创业影响也非常大，尤其是大学生村官的未来出路，往往能够直接影响到其任职期间对创业项目的态度。例如，如果大学生村官认为创业收入不菲，尤其是前期创业已经打下良好基础，就可能考虑继续留在农村从事创业工作，进而在任期内会对创业项目投入巨大的热情。从调研情况来看，丰县受访的创业型大学生村官，大部分都表

---

① 创业热情是大学生村官创业项目的重要保障，尽管当前大学生选择下村工作的部分动机仍出于就业考虑，但是绝大多数村官依然会从"做一番事情"的角度出发，希望能够改变农村落后面貌。而改变农村落后面貌的重要手段之一，就是领导农村群众创业致富。调研中，很多受访的大学生村官都表示希望能够有好的项目引进其所在农村地区，大部分也表示非常希望能在任上有一番作为。

② 例如，一些大学生村官在创业时，往往急于求成、急功近利，一心想要"挣大钱"，缺乏正确的得失观念以及创业失败的心理准备，缺乏风险意识和规避风险的能力。

③ 女性大学生村官，除小部分性格较为外向开朗的愿意创业外，其他的更多是在从事村务工作。

示一任之后将会续签第二任，续签期满后，可能留在农村继续创业，因此，这批大学生村官现在创业实际上是在为未来的就业做准备，或者说他们在任期内就已经开始为未来自主创业奠定基础；而在海南，由于有大学生村官任职期满考核合格后转为乡镇公务员的政策，因此，大部分大学生村官在已经有好的出路的情况下，不会再辛苦地为未来考虑而进行创业。

三、大学生村官创业可能存在的风险及负面影响

尽管从全国范围来看，无论是项目的开展还是对农村地区经济的带动，大学生村官创业正在发挥越来越大的作用，这一群体的创业也被认为是一种能够有效解决农村经济落后、大学生就业紧张、农村急缺各类优秀人才等问题的措施。然而，由于创业项目的复杂性以及这一群体自身的局限性，当前在全国如火如荼开展的大学生村官创业热潮依然面临以下几方面可能存在的风险及负面影响。

1. 创业缺少必要的风险规避机制，创业失败后风险极有可能由财政兜底

大学生村官创业不仅面临资金的筹集困难，也面临创业之初主体抉择的风险，即创业风险及回报主体的界定模糊带来的风险。丰县大学生村官创业活动如火如荼开展，并不意味着这一群体的创业必然能够引导农村走向富裕。调研中虽然没有接触到大学生村官创业失败的案例，但是创业失败的风险由谁承担这一问题却不得不提前考虑。这是因为：一方面，在村民眼中，大学生村官是国家派驻农村的代表，代表着"上面"的人，一旦创业失败，责任完全在各级政府，创业失败会造成当地村民对政府的不信任；另一方面，大学生村官虽然具备丰富的文化知识，但是市场经验依然缺乏，这也加大了他们创业失败的风险。

而创业失败后造成的风险由谁来承担？从现有的情况来看，财政兜底的可能性是最大的。但是，如果创业失败由财政承担，这也就意味着对资源的一种浪费：既浪费了农村（特别是县乡一级）并不宽裕的财政收入，也浪费了地方金融、工商、财税等部门对大学生村官创业项目优惠政策的支持。更需要注意的是，由于大学生村官创业目前正进行得如火如荼，几乎全国各地都将大学生村官创业树立为正面典型加以宣传、扶持，而对创业的风险评估、审计监督等更多是停留在主管机关的日常管理或主观判断上，并未形成一套系统、完备、有效的制度安排。在大学生村官创业热潮高涨、各地经济迅速发展的大环境下，监督失位的问题暂时并不突出；但是，一旦宏观经济遇到困难或大学生村官政策出现调整，监督失位所带来的后果就会显现、甚至被放大，那时可能出现的将是农村新一轮的"烂尾工程"以及随之而来的呆坏账。

2. 创业企业机制尚不健全，亟需寻找适合大学生村官创业模式的企业组织形式

刚刚走出大学校园的大学生，毕竟不是具有成熟企业家素质的创业者。为了保障创业项目茁壮成长，健全的企业制度对于大学生村官创业项目成功的意义就显得格外重大。从丰县调研的情况来看，目前大学生村官创业企业主要有两种形式：一是"汉邦骄子"式的大学生村官创业培训园；二是欢口镇、华山镇式的大学生村官创业承包园。虽然两种形式创业的实绩都很明显，但也都存在一些体制问题。

前者的主要问题是经营的不连续性。"汉邦骄子"一开始是经营蔬菜种植，与欢口镇的创业园很相似，但第一批五个初创者退出后，现在主要经营育种和花卉。可见，经营方式完全取决于参与者的专业和家庭背景，主观性较大。随着这一批创业者退出后，下一批创业者会主营哪些业务尚不可知。如果推翻之前的重来，则无疑是一个巨大的浪费。另外，"汉邦骄子"现在的经营模式实际上是希望控制市场，从流通环节获得利润，那么，对农村科技进步的贡献到底有多大让人怀疑。而且，采取"汉邦骄子"这种创业形式最终培养的大学生村官创业者，在退出之后是否继续创业也是未知数。

后者的主要问题有两方面:其一,土地流转政策是否长期持续,以及大学生村官创业优惠政策能否持续,对其创业的延续影响非常大。而且,目前其直接面对的问题是,续聘期结束后两位创业大学生村官将何去何从?从调研的情况来看,这两位大学生村官都希望继续留在村里经营现在的产业,但是,一旦失去大学生村官的身份,他们将无法继续享受各种优惠政策,他们的经营是否受到影响?此外,在土地资源有限的情况下,如果未来入村任职的大学生村官还想创业,土地又从何而来?其二,现在欢口镇的大学生创业园已经遇到农忙时人手不够的问题,经营大规模农产品种植和销售的创业企业,在人手不够的情况下应该如何转型?

3. 如何处理大学生村官与单独创业的村民之间的关系值得深入思考

从目前的情况来看,尽管各地创业项目的目的有所差异,但是大学生村官、村干部、村民的利益基本上是一致的。通过创业项目(成功),各利益相关者都能实现各自的利益诉求,或者说从中分到一杯羹。但是,随着大学生村官创业项目的进一步发展,各方利益诉求是否还能继续保持一致?

一方面,大学生村官创业可能在未来会影响到村民创业致富的积极性。长远来看,在创业型大学生村官的带动以及其他客观因素的促进下,村民自主创业将会成为一种趋势,这也是与市场经济的发展相适应的。尤其是随着城镇化的深入和农村流出人口的回迁,越来越多具备较高素质的农村外出务工人员将回乡(村)进行创业。在这种趋势下,大学生村官创业可能成为当地村民创业的阻碍。与其他村民相比,大学生村官能够享受许多优惠政策,他们创业项目的成本优势、市场优势更为显著。换言之,在创业过程中,自主创业村民与创业型大学生村官,其实并未处于同一起跑线上。此外,考虑到欢口镇实际上是大学生村官和当地村民抱团创业,这一问题可能还不突出,但是,"汉邦骄子"这类创业园区,实际上是一种大学生村官的抱团创业,可能会形成对当地村民的不公平竞争。

另一方面,高素质村民的自主创业项目也可能会导致大学生村官创业项目的失败。与相对较为成熟的农民企业家相比，大学生村官创业存在着种种的劣势，一旦在创业初期将其投入市场与农民企业家进行竞争，前者的命运很有可能是：由于不完善的企业制度和尚显稚嫩的营销方法，导致创业失败，从而引发前文所提的种种浪费；同时，大学生村官创业的积极性也会受到打击。

四、关于大学生村官创业的若干思考

1. 是否发展创业型大学生村官应与当地经济发展水平相适应

从丰县、海南以及其他地区的情况，目前大学生村官的发展模式主要有两类（仅指扎根农村的）：一类是创业型大学生村官，其未来发展方向可能是成为企业家，或者基层领导班子中主抓经济生产的负责人；另一类是村务型大学生村官，其未来发展方向可能是成为基层干部或事业编工作人员，他们有可能成为未来基层管理的核心。在那些经济发展水平较为落后的地区，大学生村官创业有助于带动当地经济发展，因此，创业型村官应当继续大力扶持；而在其他一些地区（尤其是经济发展水平相对较高），村务工作应当成为大学生村官工作的重点，毕竟这一群体在创业上发挥的作用可以被农民企业家和致富带头人所取代，而未来实现基层民主建设、提供基本公共服务、推动和谐社会发展等任务，可能更需要由这些具备较高文化水平的大学生村官来完成。因此，鼓励大学生村官创业，在短期内应该具体情况具体分析，从不同地区经济发展水平等实际情况出发，从长期来看，村务型大学生村官可能才是这一群体未来主要的发展方向。

2. 积极探索适合大学生村官自身特点的创业组织模式

正如前文所言，由于大部分大学生村官缺少相应的社会实践经验和生产管理技能，其创业项目（尤其是初创期）可能面临一系列失败的风险，如果处理不当最终将会造成严重的资金、资源的浪费。因此，探索能够弥补大学生村官自身缺陷、有效规避风险的创业组织模式就显得十分必要。大学生村官创业的模式，应当充分考虑将这一群体的创业热情与专业的监督管理结合起来。根据调研的情况，本文建议采取以下两种创业组织模式。

模式一：地方政府通过提供资金、土地、厂房等硬件设施，并选择适合当地特色的创业项目建立大学生村官创业孵化器，选拔、吸收部分能力较强、适合创业的大学生村官加入其中参与创业管理。这种组织模式，一方面能够通过提高大学生村官的创业经验和管理水平，使其能在任期内成长为适应市场经济要求的企业管理和市场销售者，为其日后自主创业打下良好的基础；另一方面可以有效实现企业内部控制，避免出现由于创业失败而由地方财政兜底的窘况。

模式二：完全由大学生村官利用创业优惠条件出资成立创业园区，在创业园自主经营、自负盈亏的基础上，政府在项目选择、资金规划、风险控制等方面加以指导和管理。在大学生村官任职期满后，创业园区完全归属创业大学生村官所有，在不再享受创业优惠措施的前提下，完全推向市场参与市场竞争（当然，地方政府也可以根据创业园的成长情况，"扶上马，送一程"，并逐步退出）。

上述两种模式的根本区别在于，大学生村官在创业过程中所承担的风险与所享受到的收益不同。对于第一种模式，大学生村官参与其中更多扮演的是学生的角色，通过学习和实践，最终成为合格的创业者，而政府则在其中扮演着责任人和收益者的角色（换言之，产权、收益归政府，风险由政府来承担）；对于第二种模式，大学生村官从一开始就扮演着责任人和收益人的角色，通过分红等形式直接参与创业成果的分配，而政府则主要充当大学生创业的外部顾问和监管者。

3. 进一步健全大学生村官创业相应的资金监管、风险防范机制

第一，资金不足是阻碍大学生创业的首要因素，但引进资金的前提是如何更好地使用资金，以及建立有效的资金监管机制。比较理想的资金监管制度，

是在明确投资主体的前提下引进市场机制，建立多元投资主体的资金运营管理模式，积极吸引市场内各方资金，通过建立预算约束、村民合作股份制、董事会制度、重大投资事前表决制度等措施加强对投资的管理。

第二，降低创业失败风险最重要的是要建立风险规避机制，可从以下三方面入手：创业主体上，应鼓励大学生村官抱团创业。抱团创业[①]有利于创业过程中的专业化分工，可以明确大学生村官在创业项目中的责任，同时，还可以有效避免"一言堂"等现象，充分实现创业过程中集思广益。外部监管上，政府主管部门应加强对大学生村官创业的培训和监督，有效管理资金运营以降低成本；金融机构也应加强对大学生村官创业项目资金审批、发放使用的监督；工商税务部门则应对大学生村官创业过程密切监督，防止出现风险过大等问题。专业监管上，由于大学生村官的社会关系及创业经验不足，缺乏足够的专业知识和培训，因此，在创业项目审批时相关项目的科技专家、业务能手需要对创业项目进行风险评估，加强事前风险控制[②]。

佘　宇　寇　翔　执笔

---

① 以丰县"汉邦骄子"创业园为例，其最初是由五名大学生村官集体出资入股建立，每一名大学生村官在创业园中职责不同，但是遇到关键问题则集体协商解决。

② 例如，山东省东平县通过筛选100个投资小、见效快、科技含量高的"农"字号项目，建立大学生村官"创业项目库"，供大学生村官进行选择参考，申报创业项目；并建立项目可行性分析报告，对大学生村官申请创办的项目，由农业、水产、林业、科技、国土等有关部门28名科技专家、业务能手组成的村官"创业专家服务团"进行风险评估，通过评估的才能立项启动，加强事前风险控制。

专题二 丰县"雏鹰工程"的回顾与启示

20世纪90年代中叶,为了培养锻炼年轻干部,加强农村基层党组织建设,优化村级干部结构,丰县启动实施了"雏鹰工程",在江苏省(乃至全国)率先选聘13名大学毕业生入村任职。实践证明,"雏鹰工程"的实施不仅为经济欠发达地区选拔培养优秀干部、加强农村基层管理建设探索出了一条成功道路,而且对促进经济欠发达地区经济、社会等全方面发展效果显著。时至今日,"雏鹰工程"对当前的大学生村官政策的推广实施和改进,仍具有深远影响及借鉴意义。

徐州市丰县是选聘大学毕业生入村任职的发源地。1995年,一个被称为"雏鹰工程"的人才培育计划在丰县实施,13名应届大学毕业生被选聘入村任职,成为江苏省第一批"大学生村官"。"雏鹰工程"连续开展4年,先后从400多名报考者中选拔出共计63名优秀大学毕业生下村任职。时至今日,这批大学生村官中的大多数人已走上了县镇领导岗位,成为当地基层领导班子的核心成员。丰县的实践证明,对于广大欠发达地区而言,大学生村官政策是一条短时期内选拔培养优秀干部、发展农村经济的成功道路。

一、"雏鹰工程"的实施背景和发展历程

1. 实施背景

丰县实施"雏鹰工程"的主要目的有两层:一是培养锻炼年轻干部;

二是加强农村党组织建设，进一步优化村级领导班子结构。当时，之所以每年从应届大学生中选派德才兼备者到农村任职，主要是出于四方面原因考虑。

（1）农村社会经济发展的需要

1995年，在丰县574个行政村中有各类村干部近2000名。当时这些村干部普遍存在着"三不两偏"现象（即思想不够解放、政策观念不够强、工作开展不够主动、年龄偏大、文化偏低），全县村干部中没有一名大专以上学历人员。这些问题在当时已成为严重制约丰县在新时代实现农村社会经济各方面快速发展的桎梏。因此，如何制定政策吸引一批年富力强、有知识、有文化、有科学技术的年轻干部走进基层村级领导队伍，带领广大农村群众脱贫致富奔小康，成为当时丰县组织部门面临的急需解决的一项任务。

（2）农村战略性人才储备工程的需要

丰县是农业县，农村工作是该县工作的重点，不论学什么干什么，不熟悉"三农"的干部的发展路子是很窄的。丰县组织部门选聘大学生到农村工作正是立足"抓早抓小"，为实现各级领导班子年轻化早选苗子，加快培养熟悉"三农"工作、业务熟练、思路开阔的跨世纪人才的有效途径。与此同时，对于刚刚踏出大学校门的大学毕业生而言，农村生活天地开阔，本身就是一个极好的能够将其知识和才华与社会实际相结合的大课堂，在农村面广量大、艰苦复杂的环境中，大学生们得到的认识最直接，得到的锻炼最深刻，其成长进步也最快。

（3）加强村级组织建设的需要

选派大学生文化层次高，视野思路开阔，对新思维新形势理解快、办法多，到村里工作后，解决了村级领导班子人才匮乏的现实问题，能够为村级组织建设带来活力，推动村级组织更快的发展。同时，选派大学生到村里工作能大大改善村级班子的年龄结构和知识结构，他们将先进的思想和工作方法带给村干部，能在一定程度上影响和带动村干部，促进村级领导班子整体素质的提高。

（4）新时期干部人事制度改革的一项有益尝试，同时也是对新时期转变人才选拔培养、干部晋升、就业选择导向的一次有意义的探索

改革开放之后的很长一段时间内，各级政府一直致力于选择一条适合新形势、新局面下人才选拔培养的有效方法和干部考核晋升的系统途径，然而由于经验不足以及全国各地情况复杂，人才选拔和干部晋升途径趋于僵化，无法适合基层政府管理的需要。尤其是长期以来广大大学毕业生在就业、择业过程中形成了一种"非机关、企事业单位不进"的固定观念，严重影响到广大欠发达地区人才的引进和社会经济的全面发展。丰县组织部门在"雏鹰工程"的实施之初就希望能够改变上述种种问题，为基层干部人事制度改革提供有益的尝试，为全国干部考核晋升提供一种新的思路，为大学生发挥自身才干找到新的更佳的位置。

2. 发展历程

1995 年，丰县县委根据当时农村基层干部人才匮乏的实际情况，决定实施"雏鹰工程"。主要是通过人才市场，面对回到丰县的应届大学毕业生双向选择。在自愿报名的基础上，由县委组织部统一考核，择优录取下村工作的大学毕业生。当年最终确定共计 13 名大学生参加首届"雏鹰工程"（其中，党员、预备党员 4 人，其余 9 人也都是在校"三好学生"），给予他们县直干部行政工资标准的待遇，并分别分派到 13 个村任村党组织副书记或副村长。任职期满后，县委按照"工作需要、岗位需要"、"全县统一平衡、合理调剂"和"用其所长、量才使用"的原则，破格将这批下村大学生全部任命为股级干部（以就地安排为主，适当调剂）。1998 年，县委还安排他们中的部分团干部到县委某部门进行了一个半月的挂职锻炼。

1996 年，丰县县委印发《关于继续选派大学毕业生到村工作的意见》（丰委发〔1996〕40 号），充分肯定了 1995 年选派大学毕业生驻村工作的做法，决定继续开展此项工作。《意见》指出：选派大学毕业生到村工作，是为了满足"加强村级组织建设，在艰苦的实践活动中培养锻炼年轻干部，造就社会主义事业的接班人"的需要。当年，丰县组织部门再次选派了 13 名大学生分

别分派到 13 个村任副村长。

1997 年，丰县县委又印发《关于从一九九七年应届大中专毕业生中选派优秀学生到村工作的意见》，指出："选派优秀大、中专毕业生到村里工作，是加强农村工作，加快培养适应农村工作的优秀领导人才的战略决策。从前两年选派的实践来看，这是一条比较适应我县实际情况的措施，从根本上拓宽了乡村领导干部的选拔渠道，使一批优秀年轻干部在艰苦的实践中脱颖而出，为乡村领导班子带来了新的活力，加强了乡村领导力量，从而对农村两个文明建设起到了较大的推动作用"。这一年驻村工作大学生的选派条件从大学学历放宽到了应届大、中专毕业生学历（对中专毕业生的要求是党员、学生干部，且学习成绩突出者），而且还明确对这批驻村大学生任期满后的出路作出安排，提出"两年后，据其现实表现和工作需要，可在乡镇明确相应职务或另行安排其他工作"。当年丰县组织部门共选派了 19 名大中专毕业生下村任职，分别任村党组织副书记或副村长。

二、"雏鹰工程"的基本内容与主要特点

1. 招考条件明确

1995～1998 年，丰县县委连续四年印发了关于选派大学毕业生到村工作的意见，均对招考条件提出了明确要求。

专业方面：工、贸、农、林、水等专业的毕业生优先考虑。

学历方面：应届大学本科毕业生或优秀的大学专科毕业生。

素质方面：政治素质好，能正确贯彻执行党的路线方针政策，思想上、行动上能与党中央保持高度一致；有一定的组织协调能力；学生干部、党员学生、三好学生在同等条件下优先考虑；必须热爱农村工作，有志于献身农村的"两个文明"建设。

数量方面：每年选派 20 名左右。

2. 角色定位清楚

丰县县委组织部要求每名被选派大学生当好三种角色，即"当好干部，当好学生，当好先生"。

当好干部是本职。选派大学生驻村工作最主要的目的是改变农村基层干部结构，通过农村基层干部整体素质的提升实现农村公共管理质量的提高，通过具备较高文化水平和科学技术知识的驻村大学生村干部，彻底解决长期以来在农村基层积累的大量公共事务，并带领农村居民走上共同富裕的道路。

当好学生是基础。尽管驻村工作大学生具有文化水平高、视野思路开阔、对待新生事物接受能力强等显著优点，但是由于长期生活在大学的象牙塔内，他们对农村基本工作环境、生活条件缺少直观的认识，更重要的是，他们缺少如何在农村开展工作，以及与农民、其他村干部交流的直接经验。因此，在发挥驻村工作大学生诸种优点之前，丰县组织部门首先对大学生驻村的困难进行了充分的考虑，提出"要想做好农村干部，首先需要向农民学习，当好一名农民，当好学生"。

当好先生是向导。丰县选派大学生驻村工作的最直接的目的，还是希望发挥他们文化水平高、视野思路开阔、对待新生事物接受能力强的优点，从根本上解决丰县农村地区发展滞后、农村公共管理落后、农村居民生活水平不高的问题。因此，大学生驻村工作的最终落脚点还是在于如何能够实现将其自身优点转化为农村宝贵财富，实现"以点带面"、"传帮带"的辐射作用。

3. 选派流程规范

选派流程分为考察、面试和录取。

由县委组织部门查阅报考大学毕业生的有关档案，了解其在校表现情况，当面考察其口头表达能力、应变能力、思维反应能力；根据考察面试结果择优录取。

选派驻村大学生全部到村担任副职，但为了避免利益纠纷一般不分配其在原籍乡镇；在村里工作时间原则上不少于2年。

同时，1996年还明确规定了如因表现不好，由人事部门另行分配工作的，二次分配的去向原则上不差于同届毕业生，对原"双选"中自己已落实单位者，仍可去原单位工作等政策。

4. 管理制度严格

（1）建档立卡

县委组织部对每名选派大学生建档立卡，主要内容包括：平时工作表现、每次考察成绩、跟踪了解、乡镇反映以及民意代表反映意见等方面，全面记录他们工作和生活的真实情况。每名大学生村官每周都要回其所在乡镇汇报一周工作，每月月底还要填写《下派干部工作实绩统计表》，将本人一个月的出勤情况、工作开展情况、下月工作计划及建议填写清楚，同时要有本村支部书记和乡镇党委书记的签字，并将表格报送给县委组织部青年干部科。

（2）明确各级党组织的具体职责

县委组织部：负责全县范围内选派大学生的计划、部署、检查、指导工作。每半年考察一次选派大学生在村里的工作情况，检查督促乡镇村党组织的职责落实情况；定期分析选派大学生工作、锻炼成长情况，总结交流经验，表彰鼓励先进，调整不宜作为培养对象的选派大学生；对经过一定时间锻炼，符合后备干部条件的，可列入后备干部名单进行培养。

乡镇党委：制定选派大学生培养计划，落实培养措施；每年至少考察选派大学生一次，形成书面材料报县委组织部，并根据考核情况，及时做好调整和推荐工作；及时掌握、关心选派生的思想、工作、学习和生活情况，帮助他们解决实际困难，解决好住房、吃饭、感情等生活问题。

村级党组织：向选派大学生介绍本村的全面情况，从培养、提高其工作能力出发，有目的地安排他们做一些有益于锻炼、提高自身能力的工作，并适时进行压担子培养。例如，分别安排他们担任村内的党组织副书记或者副村长职务，根据每个人的特点，负责计划生育、发展经济、公粮征购等工作。

5. 培养激励到位

首先，对下村大学生实行帮扶措施。丰县县委开展"一带一、送一程"工程，要求乡镇村级领导积极配合"雏鹰工程"的实施，大力支持大学生的工作，明确由乡镇党委书记、村支部书记为责任人，做好"传、帮、带"工作。

第二，坚持试用期制度。在 1996 年《意见》中明确指出："因本人素质低、能力差、表现不好的，将及时调整出去，由人事部门另行分配工作；对表现突出的，可安排到有关村任正职"。

第三，坚持定期与不定期相结合的考察制度。考察范围不仅在乡村干部中进行，还要参考村民代表对下村大学生的看法。

第四，实行干部年度工作实绩百分考核制度，根据考核考察结果，合理使用，坚持成熟一个，提拔使用一个。

最后，下村大学生任职期满后，丰县县委都根据他们的实际情况安排了工作岗位，并且敢于提拔他们，他们当中很快就有人走上了领导岗位。

6. 配套措施完善

在下村大学生最关心的工资待遇和期满出路两个方面，丰县县委做得比较稳妥。

工资待遇方面，丰县县委按照现职干部标准对待下村大学生，尽可能解除后顾之忧。

期满出路方面，丰县县委1997 年在《意见》中明确了下村大中专毕业生的出路问题："两年后，据其现实表现和工作需要，可在乡镇明确相应职务或另行安排其他工作。"具体而言，丰县四批"雏鹰工程"下村大学生最终的出路可以分为两类，其中绝大部分人进入了县机关或乡镇机关，少数进入了县下属企业。目前，四批 63 名选派大学生全部在县机关或乡镇机关工作，为公务员或事业编制人员。

三、"雏鹰工程"的主要成效及深远影响

1. 探索出了一条短时期内选拔培养年轻干部的途径

20 世纪 90 年代，丰县农村基层干部队伍存在的主要问题是年龄偏大、文化偏低，适应市场经济的能力不强，因而在群众中的号召力不够、凝聚力不强，领导核心作用没有真正发挥出来。下村大学生年纪轻、学历层次高、具有良好的政治与业务素质，在村里，他们可以在一定程度上弥补这些问题，给村级领导班子提供公共管理服务带来活力，给村民谋福利、奔小康指明方向。正如一位村民在 1996 年感慨的那样："一个大学生，比给俺们 20 万块钱都有利，满跟个诸葛亮给俺出谋划策，这个利益有多大"。例如，1995 年第一批下村大学生苗慧，针对干群双方存在的问题，提出了"依法治村"的理念，制定了包括财务管理、土地管理、计生管理、社会秩序管理等在内的 40 条村规民约，并在村民大会上表决通过，带领她所在的段庄村走上了"依法治村"的道路。

但是，大学生也有自己的不足，毕竟刚刚步入社会，缺少必要的社会实践。为了使这些年轻干部早些成长为基层领导队伍的脊梁，上一级组织部门需要及早把他们放到艰苦环境中去磨炼其身心和意志，丰富其基层工作经历，加深其对农村基层社会的全面认识。

"雏鹰工程"正是起到了这样的效果：经过各级党组织的精心培养和基层锻炼，一大批下村大学生得到锻炼和成长，并走上了各级领导岗位。据统计，1995 年共选聘 13 名下村大学生，已经走上副科级岗位的 5 人，正科级岗位的 6 人；1996 年共选聘 13 名下村大学生，已经走上副科级岗位的 6 人，正科级岗位的 1 人；1997 年共选聘 19 名下村大学生，已经走上副科级岗位的 14 人，正科级岗位的 1 人；1998 年共选聘 18 名下村大学生，已经走上副科级岗位的有 11 人。四年合计，占到了全县在职科级干部总数的 5.1%，以及全县 40 周

岁以下在职科级干部总数的 18.7% 。

2. 有效推动了农村经济社会各项事务的发展

选派大学生有干事业的热情，积极性高，愿意为村内的发展出谋划策。他们利用自身思维上、眼界上以及知识上的优势，结合农村工作形势，创造性地开展工作。他们的到来，将当时农村大力提倡的搞好"两个文明"建设推向了新高潮。例如，梁寨镇的李庆军，结合农村农民的实际情况，制定了一套"十星级"文明家庭户评选活动的办法，有效地调动起本村农民参与村内文明建设工作的热情；刘王楼乡的洪雷，和村干部一起带领民工开挖"东水西调"工程，仅用 11 天时间全面完成乡里下达的任务。由于他的到来，在他和村干部的共同努力下，这个有名的落后村各项工作都走在全乡前列，受到了百姓的交口称赞；套楼乡大王庄村的曹卫，用自己的工资买了许多科技书籍和科技信息材料送到农民手中，一位老农拉着他的手说："小伙子，送钱、送物不如送书"。

3. 对周边县市的示范带动效应明显

1995 年 8 月，丰县实施"雏鹰工程"的消息让大学毕业生兴奋不已，当年就有 200 多人报考。1997、1998 年两年，报考的学生陡增（这里有一个情况，根据前两年的经验，农村工作不一定必须强调高学历，所以对学历的要求基本放宽到大、中专，但报考人数陡增的重要原因，仍主要在于前两届"雏鹰工程"的成效）。丰县"雏鹰工程"的实施对周边地区具有很强的示范带动作用，也为临近县市提供了政策和实际操作上的参考依据。

例如，与丰县接壤并同属徐州市管辖的沛县参考丰县的做法，于 1997 年 9 月向全县公布了关于在应届大中专生中选拔下村干部的公告（沛县从 1994 年就开始酝酿，但因无政策依据所以一直没有实施；其中，1997 年上半年选拔了 129 名往届大学毕业生直接进入乡镇机关），吸引了 553 名应届大中专毕业生报名参加考试，最终选拔了 23 名作为下村挂职干部，到行政村（20 名）和乡镇企业（3 名）挂职锻炼，担任村主任助理或乡镇企业厂长助理（目前，已有 3 人走上正科级岗位，9 人走上副科级岗位；而 1997 年上半年选拔的 129 名往届大学毕业生中，目前科级干部 60 多人，正科级的 5 人）。沛县于 1999 年又选派了第二批大中专毕业生下村（由于 2000 年沛县合并乡镇，干部职数显著缩减，所以就没再继续选派，直至 2007 年江苏省全省推开时才继续招录大学生村官）。

4. 对当前的大学生村官政策仍具有深远影响

时至今日，当年"雏鹰工程"的很多做法在今天看来仍具有很强的前瞻性，在很多方面都为后来的大学生村官政策提供了依据和借鉴。无论是从政策出发点，还是从招考条件、管理办法还是大学生村官任满后的出路安排来看，当前的大学生村官政策都能在"雏鹰工程"中找到影子（甚至有些方面还尚未达到"雏鹰工程"时期的要求，例如，每周汇报工作，下月工作计划需要村书记、乡镇书记签字）。2007 年 5 月 13 日《人民日报》第七版曾以"乡村，有我最美的十年青春"为题，对"雏鹰工程"1995 年招考的 13 名下村大学生进行了专门报道，文中提到："丰县雏鹰工程先后培养了百余名优秀的基层干部，实践证明，这是经济欠发达地区选拔优秀干部、发展农村经济的一条成功路子"。毫无疑问，这是对当年丰县下村大学生和"雏鹰工程"的充分肯定。

四、"雏鹰工程"的几点启示

丰县实施"雏鹰工程"为经济欠发达地区如何加强村级组织建设，以及如何加快培养年轻干部、发展农村经济率先进行了一系列有益的探索与实践，很多做法在今天来看，仍不乏重要的借鉴意义。丰县"雏鹰工程"对当前大学生村官政策的重要启示包括四点。

1. 领导高度重视

丰县"雏鹰工程"的顺利实施，离不开丰县领导的高度重视。在每一批大学生下村工作之前，时任县委书记的晁家宽同志都会亲自给大学生上课。此外他还多次下村考察看望下村大学生的工作情况，询问他们工作和生活上的困难并尽力为他们解决后顾之忧。他曾经讲到："下村大学生就要像当年千千万万名学生满怀热情奔赴革命圣地延安一样，思想经受洗礼，意志得到锻炼，能力得到提升，对国情和农村有更深层次的认识和了解，将来无论在哪个岗位上工作，这段基层工作经历就是基础。"晁家宽书记将下村的大学生比作奔赴延安的革命青年，他的话是对下村大学生最大的鼓励和肯定，鼓舞和激励着这些下村大学生扎根农村，闯出一片天地的决心。这番话即使在今天听来，也能让人热血沸腾、充满力量。思想是行动的先导，丰县领导的重视是推进"雏鹰工程"顺利开展的重要前提。在"雏鹰工程"实施期间，丰县上下的干部都十分关注和关心这些下村大学生的成长。当时，县电视台还花费半年的时间，专门拍摄了反映下村大学生工作生活的专题纪录片《小村来了大学生》，相关报道在中央电视台编辑播出之后引起了社会的极大反响。

2. 政策目标明确

"雏鹰工程"的政策目标非常明确，具体可以细化为两方面：一是培养符合当地农村发展需要的村干部，解决当时村干部这一群体整体素质低的问题；二是提出将表现较好的下村大学生期满后选拔到乡镇机关工作，而表现不好的则进行二次分配的政策安排。可以看出，第二个政策的根本目标是为乡镇培养兼具先进文化水平和农村工作经验的优秀后备干部。这两个明确的政策目标，既符合当时丰县经济社会发展的实际情况，同时也考虑到具体的可操作性，在人力、财力、物力及技术上都能够实现。而且，"雏鹰工程"少量选聘大学生到农村锻炼两年的做法，也是对直接招聘应届大学生到乡镇机关工作的一种有益补充，与当时的政策并没有冲突。

3. 干部培养链完整

丰县将下村大学生作为后备干部培养的链条非常完善。在招考上，关于学历、专业等方面提出了严格明确的要求；在培养上，敢于压担子，敢于放手放权；在管理上，建立了一系列的考核制度；为每个下村大学生都建立一个档案盒，包括工作计划、总结表、乡镇、村民代表的看法，如实记录了选派大学生工作和生活，在选派大学生成长后，还对他们进行了跟踪，档案保存全面完整。可以说，无论是提供机遇、创造环境、激发内在动力，还是强化制度、加强管理、施加外在压力，丰县在下村大学生培养上始终坚持的原则就是"助长但不拔苗"、"使用就是最好的培养"，敢于给下村大学生压担子、提要求，敢于放手让他们独当一面，通过复杂、艰苦的农村工作和环境磨炼，造就他们坚强的意志和性格，以及坚韧不拔的毅力和勇气，真正成为有用于社会、有用于人民的人才。当年"雏鹰工程"的下村大学生也确实不辱使命，没有在田间地头荒废青春，而是将他们的满腔热血和全部所学都奉献给了农村工作和生活的方方面面，在村里切实发挥了他们应有的作用。

4. 以出色实绩回应舆论质疑

在17年前，大学生对于当时的农业大县丰县来说还是非常稀少的。农村孩子"十年寒窗苦读"上大学，目的就是盼着走出农村，过上安逸富足的生活。当得知部分大学生在大学毕业之后重新选择回到农村，一时间丰县上下议论纷纷。一些人认为农村孩子经历"十年寒窗"，大学毕业后再回到村里，是大材小用；还有一些人认为农村工作艰苦纷繁，大学生直接担任村级领导工作，不能够胜任。当时的舆论环境、传统观念对下村大学生本人、丰县各级干部来说，都是巨大的考验。然而，随着下村大学生凭借吃苦耐劳的精神和毅力以及全心全意为村民负责的高度责任感，在丰县广阔农村闯出一片天地、作出巨大贡献，随着丰县上下全体干部凭借巨大勇气和坚持全面贯彻实施"雏鹰工程"的各项安排，确保"雏鹰工程"逐步实现为农村基层提供合格领导干部这一使命，"雏鹰工程"在全体丰县村民心中写下了最有说服力的注解。

五、"后雏鹰工程"时代大学生村官工作的基本情况

丰县在 1998 年选聘了第四批大中专毕业生下村后，从 1999 年开始至 2006 年，江苏全省开始统一招录应届毕业生和上一届未落实工作单位的毕业生作为乡镇公务员到镇工作。1999 年丰县共计招录 25 名乡镇公务员，每镇一名。自从江苏省实施公务员招录政策以来，丰县单独招录下村大学生工作就停止下来。只是在 1999 年，丰县从在职企事业、在职大学生中选拔了 20 人到村工作，担任村党支部第一书记职务，张五楼、华山、欢口和师寨 4 个乡镇，每个乡镇 5 人，其中 8 人被提拔为副科级干部。

2007 年开始，江苏省开始在全省范围内选聘大学生村官。2008 年，大学生村官政策在全国推开，上升为国家战略。6 年来省市选聘到丰县的大学生村官共 272 人。丰县现仍在岗大学生村官 143 人，其中 2007 届 6 人，2009 届 20 人，2010 届 17 人，2011 届 47 人，2012 届 53 人。其中，男 81 人，女 62 人；中共党员 99 人，预备党员 18 人；村党组织副书记 102 人；丰县本地生源 65 人；研究生 13 人。2007 年以来，先后有 13 名大学生村官被提拔为镇副科级干部，居徐州市各县（市）区之首，2 人被选为县党代表，1 人被选为县人大代表，1 人被评为"江苏省农村青年致富带头人"，2 人被评为"徐州市优秀大学生村官"，4 人被评为"徐州市大学生村官创业富民先进个人"，2 人被评为首届"徐州市十佳女大学生村官"、"三八"红旗手。

近年来，丰县保持了十几年前"雏鹰工程"的传统，对大学生村官严管厚爱，主要做法及特点有以下几方面。

第一，积极支持大学生村官创业。丰县大力支持大学生村官创业兴业，提供了政策、金融等方面的支持，为他们施展才华搭建了平台。主要实施了"1234"工程，即开展"一名大学生村官一个项目"、加强"两园"（徐州"汉邦骄子"现代农业发展公司和田缘文化传媒有限公司两个示范园）建设、

加快推进"三条示范带"（范楼、梁寨、华山示范带，凤城、师寨、欢口示范带，孙楼、宋楼、大沙河示范带）建设、实现大学生村官创业的"四个转变"（从"要我干"转变到"我要干"，从"个体创业"转变到"群体创业"，从"带头"转变到"带动"，从"干成"转变到"干好"）。在丰县县委的大力支持下，几乎每个大学生村官都结合自己的专业、能力和兴趣，创办了不同的项目，有些创办了公司、企业，解决了当地富余劳动力就业问题，有些则为当地村民提供了医疗、文化等公共服务。值得一提的是，在大学生村官的牵头下，丰县成立了全省第一家农民书法家协会，以及全省首家由大学生村官创办的文化艺术传媒公司。

第二，延续传承了自上而下对大学生村官关心爱护的优良传统。自"雏鹰工程"以来，十几年如一日，丰县从上到下的领导干部都将大学生村官作为后备干部重点培养、关心爱护。在与丰县县委组织部干部的交流中，他们能够非常轻松地说出几乎每一位离任大学生村官的去向，特别是，每当谈到去向较好的大学生村官，他们都会流露出自豪的神情。这都充分说明了县委干部对大学生村官有非常深入的了解，以及非常深厚的感情。

第三，严格管理是丰县大学生村官工作的传统法宝，而当今丰县大学生村官工作将这一传统法宝进一步发扬光大。"雏鹰工程"对大学生村官严格管理的优秀传统在今天的丰县仍然较好地得以继承。丰县县委建立了大学生村官月度实绩电子档案，以年度星级考核为抓手，以考核促管理，通过随机个别走访、定期座谈交流、月度调阅实绩表、季度跟踪督查，年中实地察看、年底综合考核的办法，全面准确了解大学生村官工作生活情况。此外，还坚持每周工作例会交流制度，定期编发工作简报。

佘　宇　秦冬梅　执笔

专题三 舟山市"渔农村新型社区工作者"的探索

浙江省舟山市在 2005 年实施渔农村新型社区建设工程，2008 年又率先在全省实现一社区（村）一大学生。作为全国经济社会发展水平相对较好的地区，舟山市的大学生村官工作既有特点，也有隐忧。从特点来看，最为突出的就是，大学生村官的专业化、职业化已初现端倪，而下一步的继续发展则需要得到政策上的支持；从隐忧来看，则面临着与村民互动不足，以及非本土化带来的工作障碍。因此，适时明确大学生村官的法律权利及法律义务，将其纳入社会工作人才队伍，进而理顺其职能定位以及与基层政府、基层群众自治组织的关系，不失为未来的一种选择。

大学生村官选聘工作已经数年，成为改革开放以来基层组织建设的又一项重要创新。2008 年 4 月中组部等部门做出了"用 5 年时间在全国选聘 10 万名大学生村官到村任职"的决定，现已进入第五年。作为全国经济社会发展水平相对较好的地区，舟山市在 2005 年进行渔农村新型社区建设，2006 年开始选聘大学生村官进入渔农村社区管理委员会工作。六年来，舟山市的大学生村官工作既有特点，也有隐忧。

一、舟山市大学生村官政策的发展历程

1. 舟山市经济和社会发展的总体情况

舟山市是浙江省东北部的一座群岛城市，隔海分别与宁波市和上海市相望。全市包括1391个大小岛屿，行政上分为定海区、普陀区和岱山县、嵊泗县共4个区县。区域面积2.22万平方公里，其中陆域面积1440平方公里，总人口约100万。

作为中国沿海经济开放区和长江三角洲地区先行规划和开发的城市之一，舟山市的经济和社会总体发展水平在全国属于相对较发达的地区。2011年舟山市实现地区生产总值765.30亿元，三次产业结构比例约为1：4.5：4.5。按常住人口计算，人均地区生产总值67774元（按年平均汇率折算突破1万美元，为10493美元）。城镇、渔村、农村居民收入中位数分别为27183元、14949元和15410元。

虽然目前舟山市是个工商业发达的城市，但在全市范围内，传统的渔业、盐业和农业就业人口仍有相当大比重。渔农村地区建设，一直都是舟山市的重要工作：一方面，公共资源越来越向城市集中。1992年"撤区扩镇并乡"以后，以乡镇政府为代表的农村公共服务机构逐渐从农村撤出。例如，岱山县在1998年时有初中17所，到2006年时仅剩5所。农村文化娱乐设施、公共服务设施等全面落后于城市，城乡差距扩大。另一方面，农村人力资源流失严重。由于近海渔业资源枯竭等因素，近年来舟山市农村地区人口流失率一直居高不下。有关研究显示，具有一定技能的农村经济和社会管理人才流失率更高。

简单来说，传统的渔农村社区在最近20多年面临着重大挑战，要么是"没活干"，要么是"有活也不会干"。正是在这一背景下，舟山市在2005年提出进行渔农村新型社区建设，并在次年选聘大学生村官进入渔农村社区开展工作。

2. 选聘大学生村官到渔农村社区工作

根据中央和浙江省委的要求，自 2006 年以来，舟山市积极开展选聘高校毕业生到社区工作，出台了《中共舟山市委办公室、舟山市人民政府办公室关于引导和鼓励高校毕业生到社区工作的实施意见》，所选聘的大学生村官主要工作地点为渔农村社区。经过短短两年时间，舟山就在 2008 年实现了"一社区（村）一大学生村官"的目标，随后部分社区（村）开始配备两个以上大学生村官。

这里需要说明一下"渔农村社区"的概念。渔农村社区为 2005 年舟山市新创的农村基层组织。建立渔农村新型社区、推进城乡一体化，就是在全市渔农村，以一个或数个村为单位建立新型社区管理、服务机构，引进城市社区的管理、服务模式，统筹城乡基础设施规划、建设，发挥村级集体资产在提高群众生产、生活水平等方面的作用，开展文明家庭创建活动，逐步建立社会保障体系，把改革发展成果与渔农民实惠相结合，把渔农民实惠与遵纪守法和创建文明城市活动相结合，从而建设经济繁荣、环境优美、生活富裕、民主文明、社会平安的渔农村新型社区。

渔农村社区表面看起来跟其他地方的"村村合并"有些类似，但又不是简单的"村村合并"，而是在村民委员会之外，新设一个社区管理委员会的机构。村民委员会和社区管理委员会也不完全是"一块人马，两块牌子"，两者在职能上是不同的，人员上有交叉任职。简单来说，渔农村社区的主要职能是接受上级政府下达的任务，从事农村社会事务管理，例如新型农村合作医疗、渔农村养老保障、各种政策性补贴发放等；而村民委员会则保留其群众自治组织的性质，主要对农村集体经济进行管理。

在具体操作上，舟山市对渔农村社区建立的形式不搞"一刀切"，充分考虑群众意愿。那些愿意合并的村，可以并村建社区，实现一村一社区，而不愿意合并但规模又不大的村，则可以由几个村"联建"一个社区，也就是在一个社区管理委员会下，原来的几个村民委员会可以继续独立运作，除非相关各村村民同意，否则这种独立性将一直维持下去。

二、舟山市大学生村官工作的基本做法①

1. 加强政策引导，建立健全长效机制

（1）建立科学合理的选聘机制

舟山市把大学生村官作为基层干部的重要来源。为此，提出了"一社区（村）两名高校毕业生"目标，明确选聘的大学生村官不占所在社区（村）应配干部名额，统一时间、统一计划、统一试题，开展选聘工作。2009年，为确保选聘质量，对硕士研究生及以上学历毕业生、"211工程"高校全日制本科毕业生参加选聘的，可免笔试，直接通过面试考核方式予以聘用。2010年，根据省委组织部统一部署，在招聘工作中分类设置招聘岗位，既保证各层次学历大学生报考需求，又确保"党员和本科比例达到80%"的要求。同时，每年年初，市委组织部还以组团方式到舟山生源比较集中的重点院校进行推介，并通过寄发宣传册、QQ联系、致舟山籍大学生一封信等形式，加强与大学生的联系沟通，使更多的优秀生源报考大学生村官。

（2）建立目标明确的导向机制

为引导优秀大学生到城乡基层组织任职，明确到2011年乡镇、村换届结束后，有20%的社区（村）领导班子有大学生村官，各县（区）至少有1名大学生村官进入乡镇（街道）领导班子。同时，规定对任职工作满2年、年度考核均为称职以上且仍在社区（村）工作的大学生村官，在报考市、县（区）、乡镇（街道）机关公务员时，享受适当加分或定向招考等政策。从2011年起，根据省委组织部规定，在公务员招考时，面向工作满2年的大学生村官实行定向招考，共推出26个定向岗位，吸引了168名符合条件的大学

---

① 此部分参考了舟山市人才办公室副主任夏志刚"大学生村官计划政策的评估与完善——以浙江省舟山市为例"一文。

生村官报考，考录比例为 1：6.46，大大高于全市公务员 1：23.17 的录用比例。在招聘事业单位工作人员时，更加注重导向激励作用，对任职满 2 年、且上年度考核为优秀的，可适当增加加分值；同时专门安排一定比例的岗位面向工作满 2 年的大学生村官。

（3）建立动态激励的保障机制

根据该市经济社会发展水平和相关文件规定，参照现行社区（村）干部报酬标准，规定大学生村官年总收入一般不低于社区（村）副职干部水平，并建立起与社区（村）干部相一致的薪酬增长机制，以适当的经济待遇来稳定大学生村官队伍。同时，各县（区）还根据当地企业同类人员标准，按照个人负担和单位缴存相结合的办法，办理各类社会保险、人身意外伤害商业保险和住房公积金。在此基础上，还建立健全了动态管理制度，通过公开述职、个别谈话、群众测评等方式，由乡镇（街道）党（工）委统一进行考核，对考核不称职和违反相关法律法规的，及时予以解聘；同时，对年满 35 周岁的大学生村官，不再纳入大学生村官管理范围，不再享受相关政策，建立起能进能出的动态管理机制，确保大学生村官正常有序流动。每年开展一次优秀大学生村官评选活动，激励他们更好地干事创业。

（4）建立积极有效的扶持机制

鼓励大学生村官到当地社区（村）经济组织、企业工作或开展各种自主创业活动，各级党组织尤其注重大学生村官专业特长与本地资源优势的有机结合，提高创业的成功率和实效性。对于大学生村官从事个体经营、自主创办企业的，给予 3 年内免交登记类、管理类和证照类的各项行政事业性收费；对有贷款需求的，提供小额信用贷款。为鼓励大学生村官创业，安排一定经费扶持大学生"村官"创业。近两年，共安排大学生村官创业扶持经费 80 万元，并将出台《关于扶持大学生村官自主创业的意见》。

2. 加强培训培养，提高能力素质

（1）加强教育培训

该市各级十分注重大学生村官的培训，每年新选聘的大学生村官，必须由所在县（区）委组织部统一进行上岗培训，时间不少于一周。市级每年举办一期大学生村官示范培训班，围绕"如何当好大学生村官"和"大学生村官如何自主创业"这两大主题，通过理论学习、拓展训练、现场体验、村官论坛、才艺表演、编印简报等方式，对大学生村官进行集中封闭式培训，并明确了一批重点培养对象。

（2）加强实践锻炼

近年来，各地积极探索有利于大学生村官成长成才的实践锻炼机制，突出乡镇（街道）对大学生村官的管理，收到了比较明显的成效。建立了助理岗位制，对选聘到社区（村）任职的大学生村官，均担任社区（村）党组织书记助理或社区（村）主任助理，明确其主要职责，通过交任务、压担子等方式，创造条件让大学生村官参与社区（村）管理，培养他们的实践工作能力。建立了联系帮带制度，每一名大学生村官都有一名乡镇（街道）领导班子成员和一名社区（村）干部进行联系帮带，通过言传身教方式开展思想引导、专业指导、调研辅导和业务教导，并将联系帮带成效纳入乡镇（街道）、社区（村）干部年度考核目标。建立了轮岗交流制度，根据工作需要或高校毕业生本人意愿，在社区（村）之间开展轮岗交流；连续聘用两次后，原则上应在乡镇（街道）之间进行轮岗交流。

（3）加强沟通联系

针对大学生村官文化程度相对较高、思维相对活跃这一特点，该市市委组织部在"舟山群岛新区人才工作信息网"开设了"大学生进社区"专栏，及时上传相关政策动向、工作体会，了解他们的意见建议。建立了大学生村官网上家园——"舟山大学生村官QQ群"，搭建了相互沟通、相互交流的平台，同时，市、县（区）、乡镇（街道）三级还指定专职"网络辅导员"加入QQ群，实行及时在线交流，为大学生村官日常生活和心理问题提供指导和帮助。

3. 建立多元化的退出机制，促进正常有序流动

（1）通过选举任职一批

近年来，该市各级党组织加大了从素质过硬、表现优秀、实绩明显、群众

公认的大学生村官中选拔社区（村）干部的力度，通过公开竞聘、届中调整、换届选举等方式，到 2011 年 10 月，全市共有 62 名大学生村官担任了社区（村）两委班子成员，其中通过今年村级组织集中换届进入村两委班子的有 32 人。

（2）通过竞争考录一批

考录公务员和事业单位岗位，对大学生村官具有很强的吸引力，为使具有实践经验和较强工作能力的大学生村官选入公务员队伍和事业单位，在考录公务员和事业单位工作人员时，把有基层工作经验的大学生村官作为重点来源，实行加分（2010 年）或定向招考（2011 年）等政策，加大招考力度。

（3）通过创业引导一批

积极引导大学生村官自主创业，结合大学生村官的专业特长，发挥当地的产业和资源优势，引导他们在自主创业的同时带领群众共同致富。通过开展创业论坛、创业培训、创业竞赛和典型宣传等活动，营造创业氛围，激发创业兴趣，形成了良好的创业氛围。2010 年，市本级和各县（区）组织开展了大学生村官创业计划书大赛，积极引导大学生村官创业，共收到大学生村官创业计划书 72 份，经过初审和现场答辩，共评选一等奖 1 个、二等奖 2 个、三等奖 3 个、入围奖 6 个，分别给予 3000～10000 元的奖励，对于实施创业的，还给予一定的创业资助。据统计，目前，全市大学生村官参与自主创业的共涉及 15 个项目 35 人，其中农业项目 8 个、服务业项目 7 个，这 15 个项目目前都处在前期运作阶段，谈不上盈利，但尝试创业给大学生村官带来了全新的体验。

（4）通过深造培养一批

鼓励大学生村官参加继续教育和学历教育，提高他们的能力水平。2010 年，该市市委组织部会同浙江海洋学院举办了一期大学生村官在职农业推广专业研究生班，共有 10 名大学生村官通过测试，市委组织部给予每名大学生村官一定的经费补助。

三、舟山市大学生村官工作的主要特点

1. 以渔农村社区管理委员会作为工作平台

舟山市大学生村官的工作环境，是依托"社区管理委员会"工作，而不是"村民委员会"。由于社区管理委员会不是村民自治组织，而是属于乡镇政府派出的专门从事社会管理和社会服务的部门，那么向其派驻大学生村官，就不存在违反《村民委员会自治法》的问题。

舟山市于2004～2005年，决策并实施在乡镇和村之间加设"社区管理委员会"，称之为渔农村新型社区。社区管理委员会设立的目的，是为了进一步促进农村发展，适应随着渔农村经济发展和改革深化，渔农民在就业服务、社会保障、文化生活、村庄环境整治等方面日益增强的需求。渔农村新型社区的布局不搞"一刀切"，多种模式并存，有联村建社区的，也有大村单村建社区的；对条件成熟的、群众自愿要求并村的，在确保集体资产妥善处置的前提下，并村建社区或并村后的村与单村联合建社区。渔农村新型社区工作人员的配置视社区规模而定，一般每个社区3～5人左右，社区主要负责人由乡（镇）、街道党委、政府按干部任用程序选任。社区党组织与社区管委会领导实行交叉兼职。社区干部一般从原村两委会成员中择优聘用，也有从乡镇干部调配、公开考试选拔录用。

特别需要指出的是，在农村地区建立新型社区的情况，在舟山以外的其他很多地方也存在。但是那些所谓的新型社区，很多地方直接叫"社区村民委员会"，从法律上来说，本质上还是村民委员会。而舟山的"社区管理委员会"不是这样，其与村民委员会在人员设置、经费来源等方面并不一致。人员设置的问题，可以参照表3.1和表3.2。经费来源方面，社区管理委员会的运作经费和人员工资主要来自于各级财政拨款，而村民委员会的资金则来自于村集体经济创收。

表 3.1　　　　A 社区（村）干部任职情况示意表（单村建社区）

	社区管理委员会（任命产生）	村民委员会（选举产生）	备注
夏××	主任	—	乡镇下派干部
李××	副主任	主任	
周××	主任助理	—	大学生村官
沈××	妇女主任、会计	妇女主任、会计	

资料来源：自行整理。

表 3.2　　　　B 社区（村）干部任职情况示意表（联村建社区）

	社区管理委员会（任命产生）	B1 村民委员会（选举产生）	B2 村民委员会（选举产生）	备注
林××	主任	主任	—	
陈××	副主任	—	主任	
袁××	主任助理	—	—	大学生村官
方××	妇女主任	—	妇女主任	
董××	委员	副主任	—	

资料来源：自行整理。

2. 大学生村官工作初现专业化的端倪

大学生村官的雏形在 20 世纪 90 年代刚出现时，主要目的是为了提高村干部的综合素质，以及改善基层干部的知识和年龄结构，一直以来都没有特别强调将大学生村官的工作专业化和职业化。

按照现代广泛运用的利伯曼"专业化"标准的定义解释，所谓"专业"，应当满足以下基本条件：一是范围明确，垄断地从事于社会不可缺少的工作；二是运用高度地理智性技术；三是需要长期的专业教育；四是从事者个人、集体均具有广泛自律性；五是专业自律性范围内，直接负有作出判断、采取行为的责任；六是非营利性，以服务为动机；七是拥有应用方式具体化了的伦理纲领。

虽然从全国范围来看，目前的大学生村官工作并没有达到专业化和职业化的水平，但是在舟山的调研中已经看到了一些端倪，而且基层也表达了对提高这项工作专业化的期望，具体表现在以下方面。

（1）工作范围明确

从调研的情况来看，舟山市大学生村官的实际工作内容是明确的，集中在社区（村）的日常行政事务，尤其是文字、宣传工作和基本台账管理，以及农村社会保障、新型农村合作医疗等大量社会管理和社会服务工作。虽然中央和地方各级党委、政府的文件和意见都鼓励大学生村官发挥他们的特长积极带动地方经济发展，但在舟山，经济发展工作并没有成为大部分大学生村官的主要工作，很多受访的大学生村官都表示他们从不过问农村集体经济发展状况。调研还发现，舟山的大学生村官本人和乡村干部，大部分也不认为管理农村经济是大学生村官应该做的工作。市县干部对这个问题的看法略有分歧，但是持以上看法的也占多数。

（2）期盼专业教育

目前，从事大学生村官工作对专业没有明确限制。但从调研的情况来看，社区（村）干部从基层工作实际的角度出发，普遍希望下派的大学生村官需要"懂法律知识"、"懂人际沟通"。受访的大学生村官则认为目前的工作对专业方向的要求不高，但也认为法律和社会工作应该是最合适的专业。而且，从浙江省对大学生村官岗前培训的主要内容来看，很大一部分就是法律和社会工作（尤其是社区工作方法）的知识和方法。

（3）呼吁行业伦理

现有的关于大学生村官政策的研究，都比较强调如何最大限度地发挥大学生村官个人的才能，从而带动农村社会经济的发展。但是，从调研的情况来看，受访的大学生村官比预期的更看重这项工作所应具有的伦理规范。例如，有位"211"大学毕业的大学生村官在离职后表示，自己实在没有办法坚持这项工作，"这需要多么地爱乡土"。另一位受访的大学生村官在回答当初"家庭对报考大学生村官的态度"时说父亲支持,因为这是在农村"做正事,不是乱来"。

四、对舟山市大学生村官工作的评价和分析

1. 关于渔农村社区管理委员会

大学生村官到了地方以后,一直都存在着一个身份定位不明问题。从派出部门的角度来说,大学生村官既不是公务员,也不属于事业人员,还不属于服务外包人员,但却是财政全额供养(任职期限内)。从村民委员会这边来说,大学生村官也有法律上的问题,主要是和村民自治的原则有出入。而且,大学生村官与选调生或下派干部也不同,后者的法律和人事关系是非常清楚的。

舟山市设立渔农村社区管理委员会这个机构,的确能有效解决这个问题。由于管委会是乡镇政府的派出机构,所以大学生村官是和乡镇政府签订人事合同,也就合理合法。又由于管委会并不具有基层群众自治组织的属性,所以通过考试录用大学生村官进入社区管理委员会,同样合理合法。渔农村社区管理委员会的设置,有效地回应了社会上关于大学生村官是否冲击村民自治的质疑。

但是设立社区管委会,作为一个新事物,也存在着很多问题,主要包括:渔农村社区的本身法律地位不明确,功能定位不清晰;社区管理委员会、村民委员会和村民经济合作社三者之间的关系如何理顺;社区本身收入来源单一,无力开展公共服务;大学生村官工作多头管理,无所适从,等等。

目前,大学生村官的人事合同与乡镇政府签订,工作评估与考核由区县统一进行,而且作为直接领导的管委会主任多数是由村民委员会主任兼任。这样一来,很容易出现大学生村官处于尴尬的"三不管"状态,即市(县)有关部门没法管、镇里不去管、村里管不了,导致大学生村官的日常培养、考核和

监督落实不到位。

2. 大学生村官工作专业化倾向的原因

根据横向比较发现，舟山市各利益相关群体普遍希望通过大学生村官政策，进而建立一支良好的社会服务队伍的愿望，并没有很明显地出现在其他调研地区。其原因可能包括以下几个方面。

（1）现代化办公手段的引入

由于现代村务管理工作大量引入办公自动化系统，但基层干部普遍不擅电脑操作，所以日常的材料报送、电子档案整理等工作都由大学生村官完成。舟山所有的社区（村）都有独立的办公楼和计算机网络办公设备，对大学生村官依赖性较强。不少受访的大学生村官也表示，自己"在日常行政事务中发挥重要作用"。

（2）相比经济管理人才更缺乏社会管理人才

舟山市以及浙江省属于全国经济条件较好的地区，并且浙江经济以民营经济为主，产业布局分散，很多乡镇村庄都布局有一定数量的经济单位。舟山市大部分社区（村）集体经济发展都较好，基层不但不要求大学生村官来带动当地经济发展，甚至怀疑年轻的大学生村官是否有这种带动能力。相比而言，农村地区社会管理人才则匮乏严重，对法律和社会工作人才的需求显得更突出。

（3）农村经济集体所有制

农村普遍设立有村民经济合作社管理集体资产，村民如同股东。作为户籍不在本村的大学生村官，也不便参与和干涉集体经济运作问题。

（4）大学生村官的自身因素

舟山市的大学生村官经考试录用后，采用的是聘任制，由大学生村官本人和所在乡镇街道签订劳动合同。合同期限3年，到期后还可以再续签3年，所以理论上合同期限可以延长至6年。2006年舟山市第一批录用的大学生村官到2012年底刚好是6年，他们中的一部分，已经按照前面提到的4条出路（即：选举任职、竞争考录、创业引导、深造培养）离开了这一岗位，但仍有部分在任。受访的大学生村官普遍希望任职时间能不受6年所限，甚至可以长期雇用，而不是非要离任。年龄和性别是两个重要的原因。一个大学生村官如果干满6年，那么他在任职期间一般会结婚生子。对一个年届30的人来说，"大学生村官"这个名字已经不太妥当，实际上和其他的社区（村）干部并没有特别的不同。而目前大学生村官队伍以女性居多，更希望工作稳定。

（5）农村工作需要稳定的工作者

社区（村）干部更是表示农村需要有知识的大学生，好不容易培养一个熟练的工作人员又要离开，不要只把农村当作试验田。有的社区（村）主任甚至表示，如果县委县政府不继续聘用他们现任的大学生村官，该社区（村）准备自己出工资聘任。

3. 大学生村官工作存在的隐忧

（1）大学生村官工作的立足点

作为乡村社区工作者，大学生村官的工作重心终究要落在"村民"上。对一份从事基层服务的工作来说，脱离了村民，大学生村官将无从谈起，必须和服务的村民保持良好的互动。

调研中发现，大部分大学生村官和村民的互动不足，虽然他们本人和其他的基层干部都认为和村民的互动很重要。

关于这个问题，首先要在工作内容上进行调整，不要让大学生村官把大部分工作时间花在办公室的电脑前，其次可以在激励和考核机制上进行引导，促使大学生村官更多地走访村民。

（2）大学生村官的本土化

调研中还发现，舟山市几乎所有的大学生村官都不是本社区（村）居民，并不熟悉所服务的社区（村），而等他们越来越熟悉时，就有可能因种种原因而离任了。

再加上还有跨文化的因素，舟山市此前聘任的几位非舟山籍的大学生村官，就有因为语言和文化不通而辞职的。非本土化带来的工作障碍，也导致大学生村官和村民互动欠缺。

关于这个问题，一方面当然可以尽量招聘本市、本县、本乡甚至本村生源的大学毕业生回村工作，但这在近期几乎是不可能实现的，因为种种原因，无论是发达地区还是欠发达地区的农村，都无法完全保证能招收到本地大学生。另一方面需要进一步加强对大学生村官的培训和督导工作，进而提高大学生村官的跨文化交流和工作能力。

4. 关于未来发展的几点思考

（1）进一步明确渔农村社区的功能和职责定位

未来应合理划分乡镇、社区和村的功能，理清关系，划分工作权限和业务范围，确保财政投入，开拓经费来源渠道。渔农村社区建设的目标是把社区建设成为管理有序、服务完善、文明祥和的社会生活共同体。社区的基本功能主要体现在公共服务和社会管理上。具体涵盖四方面内容：一是基本民生性服务，包括为社区居民提供就业、社会保障和困难救助等服务；二是公共事业性服务，包括为社区居民提供义务教育、医疗卫生、文化娱乐、体育健身等服务；三是公益基础性服务，包括为社区居民提供生产生活基础设施建设和生态环境保护等服务；四是公共安全性服务，包括为社区居民提供生产安全、消费安全和社会安全等服务。

（2）加强大学生村官的专业能力建设

应将大学生村官纳入社会工作人才队伍作为未来这一群体发展的一种选项、探索和尝试。专业化、职业化的人才队伍能够成为基层提供公共服务的一支重要队伍，并确保服务的高质量高效率。至于是否纳入和如何纳入社会工作人才队伍，则可以将选择权下放给各省或各地级市，允许各地积极探索，不搞全国一刀切。

曹启挺　佘　宇　执笔

专题四　海南省"选聘生"政策评述

海南省是实施大学生村官政策较早的省区之一，从1999年起，海南省部分市县就已经开展招聘大中专毕业生奔赴农村的工作。2008年起，与全国其他省市同步，海南省逐步在全省范围内全面推行大学生村官政策。由于历史与客观上的独特原因，海南省的大学生村官政策（特别是2008年开始启动的"选聘生"政策）表现出区别于全国大多数省市的特点。这些特点，一方面有利于促进海南省各地区新农村建设的开展，但另一方面也确实存在着一些亟待解决的问题。因此，海南省组织部门在大学生村官政策的未来走向上如何趋利避害，探索一条既符合中央政策目标又适应海南当地特色的政策模式，值得各方思考。

一、海南省大学生村官政策的历史回顾

海南省是较早实施大学生村官政策的省份之一。1999年起，海南省全省和各市县分别开始启动招录高校毕业生到农村任职工作。

1999～2001年，由海南省人劳厅负责，全省各地一共招录了304名大学生"选拔生"到村任职。这批大学生村官当时被称为"选拔生"，如今已全部转为公务员。在此期间，海口市琼山区、三亚市、五指山市、临高县、定安县、昌江县、儋州市、乐东县、澄迈县等9县市也先后选聘了1841名大中专

毕业生到农村任职或挂职。具体做法如下。

1. 琼山区

1999年4月，海口市琼山区（时为琼山市）招聘496名大中专毕业生（包含未就业的1997～1998年非师范类高等院校毕业生和中等专业学校国家统招统分毕业生）组成农村奔小康工作队分赴农村协助村级组织抓农村奔小康工作。队员每月生活费300元，每半年按照干部考核标准进行一次考核。琼山市奔小康工作队一共持续了两届，每届驻村一年，在任职期满后，所选拔的大学生奔小康工作队队员的就业问题按照其各自专业全部得以解决。从这些队员的最终去向上来看，有46人进入乡镇公务员队伍，9人担任乡镇副乡镇长，其余人员全部解决事业单位编制，安排在农口单位就业。

2. 三亚市

三亚市在2000年和2001年分两批选派了109名大学生到各区、镇居（村）委会挂职锻炼和农村合作医疗站工作。在对挂职人员管理考核方面，2003、2004年三亚市人劳局对挂职人员进行考核，对连续两年考核合格的77人安排就业。挂职者的主要工作去向为乡镇和市属有空编事业单位和各社区保障服务中心。剩余的挂职者，则与所在区（镇）实行双向选择自谋职业。

3. 五指山市

2001年，五指山市招聘了14名大中专毕业生作为农村奔小康班，选派到省里参加培训。培训结束后安排在农村任书记、主任助理，由乡镇负责管理，作为农村书记、主任的后备人选进行培养，每月工资300元。2008年6月市委常委会议决定将14名大中专毕业生列入乡镇事业单位编制，由市委组织部、市人社局考察合格后，安排到有空编岗的乡镇事业单位工作。

4. 临高县

2002年3月和11月，分两批公开选拔大学生124名挂（任）村干部，

2003 年公开选拔 24 名计划生育服务技术人员，当时规定大学生村官要下乡三年。县委结合各单位岗位编制情况，经考核合格后解决就业问题。2006 年 1 月和 7 月，该县将警校毕业生和本科毕业生 12 人纳入行政编制，分配到县直单位，其余人员聘任为乡镇直属单位干部。除 9 名自动离岗外，其余聘用期内已全部纳入事业全额编制管理。

5. 定安县

2004 年，招聘了 30 名大学生村官，工资每月 350 元。当时方案规定聘用期为两年，聘用期满后经考核合格，安排在各镇机关事业单位或通过选举进入乡镇班子。目前，该县考核合格的大学生村官已有 28 人解决事业单位编制，工作岗位具体为乡镇中学或"七所八站"。

6. 昌江县

1999 年和 2002 年，共选派了 39 名大中专毕业生下乡挂职。2006 年 9 月，该县县委召开常委扩大会议讨论解决了 39 名选派村官的就业问题，聘用为乡镇"七所八站"工作人员，性质为事业单位编制，工资按国家规定的相关标准执行。

7. 儋州市

2001 年，招聘了 100 名大学生村官，工资为每月 300 元。挂职时间为两年，每年由市委组织部、市人事劳动局定期对到村委会挂职的毕业生进行考核，胜任工作和工作需要的可以续聘，其中特别优秀的可选拔进入乡镇领导班子。2006 年，该市将大学生村官工资提高到 400 元。从大学生村官主要出路来看，为招聘公务员、教师转岗和自谋职业。

8. 乐东县

1998 至 2000 年，三年共招聘 72 名大学生村官，享受乡镇同级干部的福利待遇。这批大学生村官在村（居）委会担任党支部书记或村（居）委会主任职务和党支部书记或村（居）委会主任助理职务，任期两年。任职期满考核合格的正式分配工作。共有 27 名大学生村官被招聘为公务员和教师。

9. 澄迈县

2004 年，澄迈县招聘了 15 名全日制大专以上学历的毕业生担任农村书记、主任助理，生活补贴为同类村干部工资的两倍。这 15 名大学生村官通过招聘公务员、教师和自谋职业等方式全部消化。

2006 年之后，由于客观条件限制和制度保障上的不足，各县市大学生村官政策普遍遇到了大学生村官待遇较低、后期管理不力等问题，尤其是出路安置无法得到很好解决、专业技能无法得到充分施展等，甚至由此出现了部分大学生村官因待遇过低、未来就业无法安排等情况而到各级政府上访的事件，在社会上造成了一定的负面影响。此后，尽管部分县市依然延续着自主招聘大学生村官的工作，但是从全省情况来看，海南省选聘大学生到农村任职的工作趋于停滞和萎缩。

二、海南省大学生村官政策（"选聘生"）的基本现状

2008 年起，响应中央决策部署，海南省在总结以往工作经验的基础上制定下发了《关于选聘高校毕业生到村任职工作的通知》，在落实好中央一系列待遇和保障政策的同时，制定了更加优惠的政策、措施保证大学生村官招得进、下得去、留得住、干得好、流得动，自此大学生村官政策（"选聘生"）在海南全省重新全面推行。截至 2012 年 9 月，海南省委组织部统一选聘了 5 批共 968 名大学生村官。除"选聘生"外，海南省部分县市也自主开展招聘大学生奔赴农村工作的项目。海南省大学生村官工作呈现出省级和地方双轨并行的局面。三亚、儋州、文昌、临高、乐东等 5 个县市分别自主选聘 700 多名大学毕业生奔赴农村，在一定程度上促进了农村地区经济社会发展。

　　无论与 2008 年之前还是与当前全国大部分省份相比，2008 年之后海南省大学生村官政策（"选聘生"）在选拔、培养、未来出路等方面均体现出不少独特的内容，具体如下。

1. 选聘方面

　　根据《海南省选聘高校毕业生到村任职工作管理办法（暂行）》的规定，海南省"选聘生"主要由 30 岁以下应届和往届全日制高校专科以上学历的毕业生，重点是应届毕业和毕业 1 至 2 年的本科生和研究生构成。按照公务员"凡进必考"的要求，省委组织部通过"报名、资格审查、考试、组织考察、体检、公示、决定聘用、培训上岗"等程序组织招聘工作严格程序、规范操作。

　　考虑到部分市县尤其是少数民族集中的市县考生报考较少，以及本地人在农村开展工作比较便利等因素，海南省组织部门规定：原则上，本市县生源报考本市县的大学生村官，按分数高低排名选聘，对少数民族考生进行加分；在本市县考生不足的情况下，再根据考生的报考志愿和分数进行调剂。对于"选聘生"在村中任职的问题上，规定：中共正式党员一般安排担任村党组织书记助理；中共预备党员和非党员安排担任村委会主任助理；同时，结合实际情况，部分大学生村官还担任着村远程教育站点管理员、村统计员、村计生员等职务。此外，各县市在自主选拔大学生村官时也都做出相关规定，尽量做到大学生村官就地安排、合理分配，保证他们能够留得下并能够充分发挥作用。

2. 管理方面

　　海南省"选聘生"为"村级组织特设岗位"人员，为非公务员身份，工作管理和考核比照公务员有关规定进行，对"选聘生"的管理由县、市统一管理。县、市建立了"选聘生"名单日常跟踪管理制度，县、市组织部门确定专门负责人负责"选聘生"日常管理工作，建立"选聘生"联系卡册，组织"选聘生"填写《选聘到村任职高校毕业生登记表》，并存入个人档案。实行"选聘生"重大事项逐级报告制度，并每半年向省委组织部门报送"选聘生"工作实施情况报告。在日常管理中，所在乡镇领导和村领导对"选聘生"

直接负责，乡镇领导和村干部与"选聘生"结对帮带，增进相互联系沟通。

3. 考核方面

海南省组织部门制定下发了《关于选聘高校毕业生到村任职工作的通知》和《海南省选聘高校毕业生到村任职工作管理办法》，对大学生村官考核工作做出具体规定。海南省组织部门明确规定各市县委组织部门是大学生村官日常管理部门，大学生村官所在乡镇党委具体负责比照公务员考核办法对"选聘生"进行考核。每半年，大学生村官向所在乡镇党委书面报告思想、工作和学习情况。每年底，乡镇党委召开全村党员、干部大会对大学生村官进行综合测评。乡镇党委提出考核意见，各市县委组织部研究定档，最终考核结果由市县组织部门上报省委组织部门确定。

4. 待遇方面

与其他省份的大学生村官政策相比，海南省"选聘生"享受到更为优惠的政策保障。从待遇上看，根据《海南省选聘高校毕业生到村任职工作管理办法（暂行）》的规定，"选聘生"对比各市、县（市、区）本地乡镇从大学生中新录用公务员试用期满后工资发放水平，以及享受的工作、生活补贴标准，按月发放。所需要资金，除由中央财政拨付的每人每年1万元财政拨款外，还享受省财政拨付每人每年8000元拨款以及市县各级财政拨款，建立个人账户。此外，还享受中央财政人均2000元的一次性安置费，参加养老、医疗、人身伤害等社会保险。

5. 出路方面

与其他省份不同，海南省"选聘生"在村任职期满3年，经市、县（市、区）委组织部和乡镇党委考核鉴定合格后，直接被录用为本市、县（市、区）乡镇公务员。所需行政编制，从各市县预留的乡镇行政编制中解决，不足部分由省编制部门从预留的乡镇行政编制中增加。对于各市县自主选拔的大学生村官，海南省采取定向招录乡镇公务员的办法，解决其服务期满后的流动问题。2009 年，海南省从地方工作满三年以上的大学生村官中定向招录乡镇机关公务员，共从符合报名条件的 565 名大学生村官中招录了乡镇机关公务员 53 人。

此外，随着 2008、2009 年前两批"选聘生"任职期满，这一群体对海南省基层干部人事制度改革的冲击和影响也逐步显现出来。2011 年，在海南省乡镇领导班子换届过程中，省委组织部明文作出推荐一批优秀村（社区）干部和大学生村官作为乡镇领导班子换届提名人选的安排。具体规定为："2008年省委组织部统一招录且在岗的'选聘生'和 2009 年省委组织部统一招录进入乡镇机关公务员队伍的大学生村官，各市县一般至少推荐 1 名作为乡镇领导班子换届提名人选"。

对比 2006 年之前开展的大学生村官工作，当前海南省的大学生村官政策（"选聘生"）在选拔、考核待遇等各方面都有所改进，其中，最主要的改进还是体现在对大学生村官任职期满后的出路安排上。由于海南省曾经在较长一段时间内未招聘乡镇公务员（进而有足够的编制空间），因此，在落实新的大学生村官政策（"选聘生"）时，可以放手在选聘之前就承诺为新选聘的大学生村官提供公务员编制。这种做法在全国并不多见。随着未来出路问题的解决，2008 年之后海南省新选聘的大学生村官工作的积极性明显提高，能够更加积极投入社会主义新农村建设，较好实现了中央对这一群体"下得去、待得住、干得好、流得动"的要求。与此同时，海南省"选聘生"工作日渐顺利得到开展，也吸引了越来越多的大学毕业生投身到海南省新农村建设之中。

三、海南省大学生村官政策面临的挑战及未来可能的对策

1. 政策面临的挑战

尽管 2008 年之后，由于受到独特的历史、地理、行政等方面的影响，海

南省组织部门因时、因地制宜实行的一系列措施确实极大促进了"选聘生"工作的开展，但需要注意的是，随着这项工作的进一步展开和落实，尤其是随着海南省各乡镇公务员编制的饱和，现行"选聘生"政策的继续推行可能会遇到不小的挑战。这些挑战具体包括以下几个方面。

首先，乡镇公务员编制饱和后如何保持"选聘生"政策的吸引力。当前对大学毕业生而言，海南省"选聘生"政策最大的吸引力在于，其能够获得宝贵的乡镇公务员编制。而这一政策优惠的前提却是，海南省在相当长时间内没有进行乡镇一级公务员的招考，各乡镇普遍空余大量的公务员编制。对于乡镇一级政府来说，通过为"选聘生"提供乡镇公务员编制，不仅能解决乡镇政府公务员年龄结构不合理、人手不足等问题，更重要的是，还能选拔一批具有农村工作经验、熟悉农村生产生活的管理人员，进而提高公共管理与服务的质量。但是，随着乡镇一级公务员编制的渐趋饱和，乡镇政府工作人员年龄结构日渐合理，海南省委组织部门势必将对为"选聘生"解决乡镇公务员编制这一政策进行调整，不再承诺为所有"选聘生"解决公务员编制。这样一来，如何保证"选聘生"政策依然能够吸引到足够数量和质量的大学生进驻农村、帮助农村开展社会主义现代化建设将会颇费思量。

第二，如何协调省级统一"选聘生"与各县市自主招考、选拔大学生村官待遇的差异。从当前海南省推行的大学生村官政策看，实施过程中最大的特点就是省一级选聘生与地方县、市自主招考、选拔大学生村官并存。这种"双轨制"，有力保证了省一级在大学生村官工作上的主导性，同时也有助于地方结合实际情况单独开展工作。但是，由于各地区经济发展水平的差异，加上各级政府间财力、编制、管理等方面的不同，不同级别大学生村官以及不同县、市大学生村官在待遇、政策优惠等各方面存在现实的差异。如果差异过大，难免会造成不满，进而容易为政策执行、社会安定等造成不良影响。因此，如何协调不同层级、不同地区大学生村官的待遇差异，也是海南省各级组织部门亟待解决的一个重要问题。

第三，如何协调大学生村官与农村其他干部之间的关系问题。如前所述，海南省针对"选聘生"等大学生村官出台了大量优惠政策，积极鼓励大学毕业生扎根农村，为农村现代化建设服务。但值得注意的是，随着农村基层干部年龄结构年轻化和综合素质的提高，许多出身农民的农村干部自身也具备了相当的管理农村工作的素质和能力。但是，由于这些"土生土长"的农村干部并非大学生村官，因而无法享受相关优惠政策，他们的晋升之路在一定程度上也受到大学生村官的挤占。长此以往，不但将严重影响这些农村干部工作的积极性和主动性，更有可能造成其与大学生村官这一群体之间矛盾的加剧，这势必会影响到和谐农村的建设。因此，如何处理普通农村干部与大学生村官之间的利益冲突，也是海南省大学生村官政策深入推行所需要解决的一个重要问题。

2. 未来可能的对策

从调研的情况来看，海南省委组织部门以及地方各级组织部门已针对上述挑战做了一系列有益的尝试①。因此，海南省"选聘生"政策未来可能进行如下一些改变。

首先，针对乡镇公务员编制趋于饱和的问题。未来海南省解决"选聘生"出路的主要方向，可能为"选聘生"出路选择的差异化，即不再承诺在任期截止时为所有"选聘生"提供乡镇公务员编制，而是通过综合考核和选拔，为部分确实优秀且非常愿意进入乡镇政府的"选聘生"提供公务员编制；而其他"选聘生"，则根据其意愿和工作表现提供事业单位编制、国企就业机会或其他就业便利政策。这样一来，一方面可以切实实现对"选聘生"工作的正向激励，另一方面也能促进"选聘生"在重新就业时根据自身专长和爱好，

---

① 例如，东方市委组织部为妥善解决乡镇自聘工作人员历史遗留问题、消除社会不稳定因素，在借鉴海南省内部分市县有关解决公开选拔的大学生村官编制、待遇等问题的做法和经验基础上，结合市交警大队协警员等几类聘用人员的工资待遇标准，设计了三套解决乡镇自聘工作人员编制、工资待遇等问题的方案。具体如下：方案一，继续按照《东方市乡镇自聘工作人员管理办法（暂行）》的规定，明确乡镇自聘工作人员不属于行政事业编制人员，工资仍为670元/月，以后根据海南省调整本市最低工资标准作为基数再浮动40%，重新确定工资水平；方案二，参照事业单位工作人员工资管理建立档案工资，工龄从2001年招录时算起，今后按照事业单位工作人员工资管理办法正常晋升工资；方案三，参照事业单位工勤人员工资管理办法建立档案工资（交警协警员工资模式），工龄从2001年招录时算起，今后按照事业单位工勤人员工资管理办法正常晋升工资。

理性选择就业岗位。

其次，针对协调各级大学生村官待遇问题。从目前情况来看，无论是省一级"选聘生"政策，还是各县市自主考试、选拔的大学生村官政策，最终的落脚点仍在中央的相关政策上。因此，从长远来看，海南省在大学生村官双轨制问题上的最终做法，很可能是将不同层级所选拔的大学生村官进行统一规划，参考中央有关大学生村官政策，给予统一的政策待遇。

第三，针对协调大学生村官与农村其他干部之间的关系问题。未来海南省委组织部门可能采取的办法，是在保证大学生村官有关政策优惠不变的基础上，兼顾考虑选拔年轻有为的农村干部。同时，适当放宽农村干部晋升过程中对诸如年龄、学历等硬性指标的考核，而是更加注重其工作实绩和村民的评价，做到唯才是举，真正选拔出适合当地特色的德才兼备的干部。

佘　宇　寇　翔　张晓菲　执笔

专题五 "有期合同"① 背后的道德风险

——大学生村官激励问题的博弈分析

　　如何有效激励大学生村官，是确保大学生村官政策良性运行的关键问题之一。从调研的情况来看，当前大学生村官激励机制的设计缺陷，特别是绩效考核的不规范以及奖惩的非激励性，在一定程度上加深了大学生村官的"跳板"心态。本文通过建构大学生村官与管理者之间的合作博弈模型对上述问题进行了分析，并对大学生村官行为产生的内在机理进行探究。据此，提出以下几方面的政策建议：近期，应加强大学生村官考核制度的规范性，并以考核结果为基础进行奖惩；长期，应将大学生村官的工作表现与其未来就业相挂钩，同时管理者要拓展这一群体的就业渠道，提高激励机制的信度和效度。

　　自 2005 年 7 月中央开始将大学生村官政策作为一项重要工作在全国推行，至今已经超过七年。相关调查显示，自 2008 年中央启动"一村一名大学生村官"计划至今，全国累计有 200 多万名高校毕业生报名应聘，截至 2011 年底，全国在岗大学生村官数量超过 21 万②。为了准确把握这一政策在执行过程中存在的问题及未来的发展趋势，本文在实地调研的基础上，将问题聚焦于大学生村官这一群体的激励与发展方面，运用博弈模型进行分析，并提出政策改进的方向。

---

　　① 合同是契约的外在表现，制定契约是一种市场行为。这里，大学生村官和管理者之间不是市场行为，所以用合作更为贴切，且合作的外延更宽泛，既能包括契约合同，也能包括其他互动行为。为此，文中的有期合同加以引号。

　　② 中国经济网："大学生村官数量超过 21 万"，http://www.ce.cn/yd/sjb/yw/201205/21/t20120521_23341056.shtml。

一、大学生村官激励机制的问题

国内关于大学生村官政策的研究已有不少成果，对于这一政策在执行中出现的各种问题也已形成一些判断，例如：大学生村官的身份定位问题；大学生村官在工作中的知识匹配度、群众关系等问题；大学生村官招录以及管理中的问题；大学生村官的去向问题等等。其中，大学生村官的激励问题最为突出。一方面，激励与大学生村官政策的绩效紧密挂钩，能否有效激励大学生村官决定了这一政策的实际效果；另一方面，大学生村官现有的激励机制存在种种问题，一些关键环节并没有行之有效的制度跟进。

需要指出的是，大学生村官的激励问题并非孤立存在，而是与其他管理环节紧密联系。一方面，大学生村官政策的整体定位与激励机制的构成和问题紧密相关。大学生村官并不具备公务员身份，服务期限也有明确规定，这就使一般适用于公务员的激励机制（例如晋升）缺乏制度基础，无法发挥作用。另一方面，大学生村官的未来职业生涯发展与其当前的激励紧密相关。对于这一群体最具激励性的因素仍然是未来的去向问题，而在这一点上现有的政策恰恰没有做出非常明确的"出口"安排，致使大学生村官普遍缺乏工作动力。也正因为如此，包括工资、奖金在内的物质激励更倾向于"双因素理论"[①] 中的"保健因素"，而非"激励因素"，无法对大学生村官形成强有力的激励作用。上述两个方面对大学生村官的激励机制有着非常重要的

---

① 双因素理论（Two Factors Theory）又称激励保健理论（Motivator - Hygiene Theory），是美国的行为科学家弗雷德里克·赫茨伯格（Fredrick Herzberg）提出来的。该理论认为引起人们工作动机的因素主要有两个：一是保健因素，二是激励因素。只有激励因素才能够给人们带来满意感，而保健因素只能消除人们的不满，但不会带来满意感。赫茨伯格从1844个案例调查中发现，造成员工不满的原因，主要是由于公司的政策、行政管理、监督、工作条件、薪水、地位、安全以及各种人事关系的处理不善；而从另外1753个案例的调查中发现，使员工感到非常满意的因素，主要是工作富有成就感，工作本身带有挑战性，工作的成绩能够得到社会的认可，以及职务上的责任感和职业上能够得到发展和成长等等。

影响，具体如下。

1. 大学生村官较为普遍存在"跳板"心态

从调研的情况来看，大部分受访的大学生村官（包括在任和离任）当初报考这一职位的动机是看中相关的优惠政策和待遇，例如，某些城市给予大学生村官任职期满后公务员考试的加分。特别是近年来越来越多的公务员招考岗位要求报考者具备基层工作经验，许多在就业过程中没有找到满意工作的大学生更是将这一岗位当作是一个缓冲和"跳板"：一方面通过大学生村官工作积累基层工作经验，另一方面则是利用工作之余（甚至工作之中）准备公务员以及事业单位的招录考试。在调研中就发现了相当数量聘期未满的大学生村官在考上公务员后提前解聘离开这一岗位的情况。由于从一开始就是怀着这种"跳板"心态从事这一工作，大学生村官在实际工作中不能全心全意、扎根农村也就不难理解了。

事实上，这种"跳板"心态并不主要是大学生村官个人的问题，而是在一定程度上源于相关制度设计。由于当前的大学生村官政策实行的是聘任制，三年一个聘期、且最多受聘两个聘期，也就是说大学生村官在从业三年或者六年后必须离开这一岗位，这就使得那些即使想要投身农村工作的大学生村官也不得不为未来的出路提前做打算。而大学生毕业后的三年至六年，正是需要其奋斗事业的年龄阶段（约25岁至28岁），如果相关制度设计中不考虑大学生村官的这一现实问题，那么政策就有不合理性或者不现实性。

2. 管理部门考核工作宽松使得大学生村官缺乏内在动力和外部激励

调研发现，当前大学生村官的日常管理也有不尽如人意之处，从而使得这一群体受到的正向激励不足。这些不足具体表现在如下两个方面。

第一，绩效考核的不规范。从调研的情况来看，各地现有的大学生村官考核制度形式多样，从考核主体上来说，既有作为直接管理者的村干部评价，也有作为服务对象的村民的评价，还包括大学生村官的自评；从考核方式上来说，既有通过与评价者的访谈进行考核的方式，也有通过填写考评问卷进行考核的方式；另外，有的地方将大学生村官的考核与其他村干部的考核纳入一套制度，有的地方则将二者区分开来、区别对待。虽然有如此多样的形式，大学生村官的考核仍存在诸多不规范，例如：考核的针对性不强，没有从这一群体工作的特征出发设计考核的指标项目；考核的流程不规范，考核过程中随意性较大，不能准确反映大学生村官的工作实绩。

第二，考核结果的非激励性。相比较于绩效考核的不规范，这一方面的问题更为突出。考核结果只有与激励机制相结合，赏优罚劣才能发挥作用；更进一步来看，只有通过与大学生村官进行绩效沟通，才能有效帮助他们了解自身的优点和不足，从而提升其未来的工作绩效。但在现实中，考核结果并没有得到足够的重视，表现为：首先，没有绩效沟通环节，只是将考核结果通知大学生村官，考核与日常工作以及大学生村官的提升相脱节；其次，赏优不罚劣，对于那些考核结果为优秀的大学生村官，各地已有一些奖励措施（年终奖励等），但是对于那些考核结果不佳的大学生村官却没有足够的惩罚。这样的结果只能是：一方面，即使工作不优秀也没有通过考核反映出来；另一方面，考核结果显示的不称职也不会对大学生村官产生实质性的影响。正面的物质激励只是"保健因素"，对于大学生村官的激励作用不强，而负面的惩戒又没有被真正落实，正是从这个意义上讲，当前大学生村官考核制度整体上激励性不强，不足以对这一群体形成强有力的激励。

综合来看，相关制度设计的缺陷已在一定程度上造成大学生村官的内在自我激励不足，同时外部的考核制度又没有提供足够的外部激励，所以大学生村官的工作更多的是靠非制度化的因素（例如大学生村官的自觉性和积极性、与村干部的良好关系以及"面子"等）在推进，这种情况很容易使这一群体在工作中产生道德风险，不努力工作，下文将通过博弈模型进行具体分析和解释。

二、基于"有期合同"的博弈模型：
大学生村官道德风险的产生机理

为了了解大学生村官在约束条件下的行为选择，本文建构了一个大学生村官与其管理者的博弈模型。

根据调研情况和政策规定做出如下假设。

第一，这一模型中的行动者只有大学生村官的管理者和大学生村官。其中，管理者包括村委会和大学生村官的管理部门（一般为上级组织部门或者共青团）。从工作态度出发，大学生村官的行为包括认真和敷衍两种，管理者的行为包括严格和放任两种。

第二，管理者管理大学生村官的成本是固定的，由财政支出；而管理的收益则与大学生村官的工作态度相关，当大学生村官工作认真时，管理者的收益更大（由于其管理成本固定，故而其净收益更大）；反之，当大学生村官工作敷衍时，管理者的净收益更小。

第三，大学生村官选择认真工作要付出的成本是固定的，而选择敷衍时则不需要付出成本；大学生村官的收益方面，当其工作认真时，会收到各种形式的奖励（例如来自村委会的奖励，包括显性、隐性），从而净收益更大；但是，当大学生村官工作敷衍时，并不会受到惩罚，净收益保持在一般水平，这一点就是前文中提到的大学生村官考核中的赏优不罚劣。

基于这三个假设，可以对大学生村官及其管理者在不同行为选择下的成本、收益进行赋值。

管理者的成本方面：管理者严格管理的成本为2（以收益计的话即为−2），管理者放任管理的成本为0。

管理者的收益方面：大学生村官工作认真时，管理者的毛收益为5，而大学生村官工作敷衍时，管理者的毛收益为2。

大学生村官的成本方面：大学生村官认真工作的成本为 2（以收益计的话为 -2），而大学生村官工作敷衍的成本为 0。

大学生村官的收益方面：管理者管理严格时，大学生村官的毛收益为 5（基本收益 4 + 奖励 1），管理者管理放任时，大学生村官只能获得基本收益而没有奖励，故其毛收益为 4。

根据以上假设和赋值，构造了大学生村官与其管理者的一次博弈模型（如表 5.1）。

表 5.1　　　　　　　　　大学生村官与管理者的一次博弈模型

		大学生村官	
		认真	敷衍
管理者	放任	5, 2 (5 - 0, 4 - 2)	2, 4 (2 - 0, 4 - 0)
	严格	3, 3 (5 - 2, 4 + 1 - 2)	0, 4 (2 - 2, 4 - 0)

在这个模型中，大学生村官的行为集合是 {认真，敷衍}，"认真"是指大学生村官能够认同其工作的价值，将完成工作当作其分内责任并追求更好地完成工作；而"敷衍"是指大学生村官将这一工作当成是未来选择其他职业的过渡或"跳板"，行为的功利性较强，在工作中只是完成基本的任务，缺乏主动进取性。作为大学生村官的管理者，村干部和政府相关部门的行为集合是 {放任，严格}，"放任"是指管理者只要求大学生村官完成基本工作，不对其提过高要求，在考核中也能"手下留情"；"严格"则是管理者对大学生村官的工作进行较严密的监督和指导，对工作质量的要求较高。需要说明的一点是，管理者的"放任"态度不是说其玩忽职守、消极懈怠，而是基于对大学生村官实际情况的了解而产生的对大学生村官的理解，希望能给大学生村官较大的自由，让其自己为聘期结束后的发展寻找机会。

在管理者放任管理、大学生村官认真工作的情况下，管理者没有付出管理成本，但却享受到了大学生村官认真工作带来的收益，从而其净收益为 5，即 5（收益）- 0（成本）；而大学生村官认真工作，但是由于管理者的管理疏松、规范性和激励性都不足，从而使其只得到工资、补贴等基本收益（为4），但却付出了认真成本（2），所以其净收益为2（4－2）。

在管理者严格管理、大学生村官认真工作的情况下，管理者在获得大学生村官认真工作带来的收益的同时，也付出了管理成本（为2），所以净收益为3（5－2）；由于管理者的管理有效，所以大学生村官的认真工作也能得到奖励（为1），所以其净收益为3（基本收益4＋奖励1－成本2）。

在管理者严格管理、大学生村官工作敷衍的情况下，管理者付出了管理成本，但是大学生村官的工作并没有带来额外收益，所以管理者的净收益为0（收益2－管理成本2）；大学生村官工作敷衍，但是由于管理者在管理中出于种种原因并不会对大学生村官施以真正的惩罚，所以即使大学生村官工作敷衍也能得到基本收益4。

在管理者放任管理、大学生村官工作敷衍的情况下，管理者不承担管理成本，能获得大学生村官敷衍工作的一般收益2，而大学生村官得到基本收益4。

从上面的分析可以看到，大学生村官和管理者的收益获取都不完全由自己的行为决定，而是由双方的行为共同决定。假定大学生村官和管理者都是理性的个人，在一次博弈的情况下，他们的均衡选择是｛放任，敷衍｝。

对于大学生村官来说，当管理者选择"放任"策略时，大学生村官选择"敷衍"的收益（4）要大于选择"认真"的收益（2），所以大学生村官会选择"敷衍"；当管理者选择"严格"策略时，大学生村官选择"敷衍"的收益（4）还是大于选择"认真"的收益（3），所以大学生村官还是选择"敷衍"。因此，无论管理者的行为如何，对于大学生村官来说，"敷衍"行为都是最优的。

对于管理者来说，当大学生村官"认真"工作时，管理者选择"放任"的收益（5）要大于选择"严格"的收益（3）；当大学生村官工作"敷衍"时，管理者选择"放任"的收益（2）仍大于选择"严格"的收益（0）。所以，无论大学生村官作何选择，管理者选择"放任"管理都是最优的。

综上，对于整个博弈来说，最终的均衡选择就是：管理者放任管理，大学生村官敷衍工作。在现实中，这就是双方的妥协策略，即管理者体谅大学生村官聘期结束后的发展，并不对其提过高要求，只要大学生村官完成基本工作就可以做其他求职准备（备考公务员、事业单位等）；而大学生村官也只是完成基本工作，并不投入过多精力在日常工作中。

三、对博弈模型的进一步解释

可见，无论是大学生村官还是其管理者，在现有制度框架下他们的理性选择都会违背政策初衷，甚至走向政策的反面，而要改变他们的行为，使其行为朝向政策设计的目标就要改变现行的大学生村官激励机制。博弈模型中，决定大学生村官及其管理者行为的是在不同情境下的收益，所以要改变双方行为就要从收益值入手。这方面最需要关注的有两点。

第一，大学生村官考核中的赏优不罚劣导致了这一群体激励的扭曲。由于大学生村官并不属于正式的国家工作人员（公务员），也不是村级两委的成员，同时也是出于对大学生村官境况的理解（即工作的临时性、发展前景不明朗），管理者往往对这一群体的工作"网开一面"。对于那些工作认真努力，工作有实绩的大学生村官，管理者会给予一定的奖励，除了政策规定的奖励之外，有的村干部还会帮助他们解决一些现实的困难和问题；但是，对于那些工作绩效不彰的大学生村官，管理者也表现出相当的宽容性，只要他们能完成基本的任务，管理者就不会加以责难。在相当数量的大学生村官本身就怀有"跳板"心态的情况下，这种考核制度容易助长其敷衍工作的心理。就博弈模型来看，这一制度使大学生村官选择敷衍工作的收益增加，虽然认真工作能得到收益的绝对增加，但是相对而言，认真工作并没有得到足够的尊重，因此，对于选择这两种行为的大学生村官都造成了负面影响。

第二，更为重要的是，由于在一次博弈中，大学生村官与管理者之间的关系在聘期结束后就终结，如果将博弈看做是谋求双方合作的过程的话，大学生村官容易产生强烈的"不合作"的机会主义动机，这就是前文所说的

"跳板"心态带来的后果。大学生村官与管理者之间的关系最长六年后就会结束，之后大学生村官在任职期间的工作好坏都不会对其未来的发展造成影响，这种有期限的合作博弈助长了这一群体的不合作激励。如果大学生村官认为现在的认真工作不对未来产生积极影响，甚至认为如果现在敷衍工作能够匀出更多的时间去为将来的就业做准备，那么他们的敷衍行为就是合理的。而现有的制度恰恰助长了这种"骑驴找马"的心态，使大学生村官的行为趋于短期化。

需要强调的是，大学生村官选择敷衍工作并不是道德问题，也不能说明其工作态度不好，这是在特定激励机制下理性经济人的合理行为。在访谈中，不少在任和离任的大学生村官都表示如果政策能给他们一个明确的身份，允许其长期干下去，同时在待遇上能有某种增长制度的话，他们愿意长期从事这一职业。这表明，很多大学生村官并不在心理上排斥这一工作，甚至很多大学生村官有很强烈的从事这一职业的热情，而他们的短期化行为和"跳板"心态在一定程度上是由当前政策中的激励机制造成的。

四、破除激励困境的政策建议

1. 近期对策

近期来看，应加强对大学生村官的绩效考核工作，增强考核的规范性，依据考核结果对大学生村官进行奖惩。大学生村官既不同于国家公务人员，也不是村民民主选举产生的带头人，所以，在考核上要依据这一群体身份和工作的特殊性制定专门的绩效考核指标，以求全面客观地反映其工作实绩。同时，指标体系的设计要有利于对大学生村官行为方式的引导。在当前的政策没有对这一群体的实际工作作出定位的情况下，合理的绩效指标有助于大学生村官工作的针对性，而不只是做一些文字辅助类工作。在考核过程中，要注意评价主体的选择具有代表性、考核流程符合规范等问题。考核之后不仅要将考核结果告知大学生村官，更要将考核结果与奖惩相挂钩，做到奖优罚劣，对大学生村官形成正面的激励机制。更进一步来说，要以考核结果为基础促使大学生村官发现工作中的不足，通过不断学习实现个人的成长与进步。

2. 长期建设

长期来看，应将大学生村官的考核结果与其未来的发展相挂钩。正如前文分析的那样，在大学生村官与其管理者进行有期限的合作博弈时，大学生村官有敷衍工作的强烈动机。为了克服这一问题，可以将大学生村官任职期间的工作绩效与其未来的就业进行关联。从调研的情况来看，由于工作任期有限，所以对于大部分大学生村官来说，真正能对其形成"强激励"的因素是聘期满后的工作去向。如果聘期内的工作实绩会对其未来就业产生重要影响，那么就会对大学生村官产生有效的激励。为了实现这一点，需要大学生村官的管理者在加强日常管理和绩效考核的基础上形成这一群体日常表现和绩效水平的数据库，将大学生村官任职期间的绩效记录在案，在这一群体未来的就业过程中作为重要文件提供给用人单位。这样，即便大学毕业生将这一岗位仅当成是"跳板"，他们也会认真对待大学生村官的工作。

3. 相关配套

与第二点相配套，应积极拓展大学生村官聘期满后的就业渠道，搭建这一群体与用人单位之间的桥梁，使那些工作认真、绩效优秀的大学生村官能够在就业中表现出优势，并获得更多的机会，进而提高绩效考核结果与工作就业之间联系的信度和效度，增加绩效考核结果在大学生村官就业过程中的权重。

总之，回到博弈模型的分析框架中，这三条政策建议都是在增加大学生村官认真工作的收益，增加其敷衍工作的成本。具体来看，第一条建议是增加认真的短期收益和敷衍的短期成本；第二条建议是增加认真的长期收益和敷衍的长期成本，并通过贴现对当前的行为产生影响；第三条建议是增加长期影响的信度和效度，即承诺的信度和效度，进而提高激励机制的有效性。另外，这些建议发挥作用的基本前提是，大学生村官的管理者要严格管理，不能采用放任的态度，这需要党政部门内部管理的加强。这样，在管理者严格管理的情况下，大学生村官的认真收益会超过敷衍收益，从而激励这一群体认真工作。

佘 宇 韩 巍 执笔

下篇 | 背景报告

附件一　大学毕业生就业形势、问题与对策研究①

　　近年来，多数大学毕业生找到理想的工作很难，但是在毕业半年后基本都就业了。尽管公共部门的就业很热，但是中小企业和民营企业还是就业的主渠道。在就业率基本稳定的同时，就业质量有所下降，就业公平问题突出。另外，大学毕业生的创业率非常低。大学生就业难的问题导致"读书无用论"在农村地区有所蔓延、"啃老族"和"蚁族"的出现，以及求职大学生身心疲倦、情绪低落。就业问题的产生源于产业结构不合理和创业障碍导致的就业需求不足，也源于供给方的就业意愿与就业能力不足，还源于供求匹配的效率不足。针对2010年的就业形势和面临的各种困境，应进一步落实和完善促进就业的政策措施，消除创业障碍和限制，在中小企业中普遍实行社会保险补贴制度，进一步加强基本保障管理和服务、吸收更多的毕业生就业，重视改善就业公平，要求各高校承担其待业毕业生半年左右的最低生活费用和允许其探索完善课程设置、讲授方式和考试制度，应实行"一站式"就业服务以及毕业半年后的就业统计制度。

一、近年来大学毕业生就业状况和问题

　　一个基本判断是，我国大学毕业生的就业难问题从单纯的就业数量问题演

---

① 本文系作者承担的国务院发展研究中心2009年副研以上招标课题的总报告，略有删减。课题负责人：贡森；课题组成员：王列军、王雄军、张佳慧、佘宇。

变为就业质量和就业公平的问题。

1. 三成以上的大学生难以实现毕业即就业，但不到一年时间基本都就业了

教育部门公布的 2008 届大学毕业生就业率在 70% 左右，为截至当年 9 月 1 日的数据。2009 年大学毕业生的就业形势基本稳定，就业情况好于预期。根据教育部统计，截至 2009 年 9 月 1 日，高校毕业生就业率达到 74%。据我们的访谈①，截至访谈日（5～6 月份）47 位受访的应届普通高校毕业生中 34 位已经有了着落（被录取读研、读博和出国，已签就业协议或已有就业意向），即就业率为 72%。另外，据他们本人或者辅导员介绍，所在班级或年级学生的就业率也接近 70%。详见附表 1.1。

附表 1.1　　5～6 月份受访普通高校毕业生所在班（年）级就业情况

211 高校院系（专业）		已有意向的毕业生比例（%）	非 211 高校院系（专业）		已有意向的毕业生比例（%）
北京大学	政府管理学院	95	中国青年政治学院	社会工作专业	70～90
中国人民大学	新闻传播学院广播电视新闻学专业	80	浙江工商大学	经济学院经济学专业	60～80
	新闻传播学院新闻学专业	44		经济学院国际贸易专业	70～80
	新闻传播学院新闻摄影专业	53			
	新闻传播学院编辑出版专业	80		外国院学院	70～80
	信息学院信息管理与信息系统专业	70			

---

① 课题组于 2009 年 5～6 月份在北京、杭州、武汉、河南新乡和陕西榆林等地广泛开展了调研。在北京、杭州、武汉和新乡主要是在高校里找毕业班学生及其辅导员（或就业指导老师）访谈，在榆林主要是找在农村基层岗位工作的大学毕业生和有大学毕业生的家庭进行访谈。总计访谈 65 人，其中 52 人是毕业生本人。

211 高校院系 （专业）		已有意向 的毕业生 比例（%）	非 211 高校院系 （专业）		已有意向 的毕业生 比例（%）
华中科技大学	同济医学院医药 卫生管理学院	65	浙江理工大学	土木专业	50
			河南师范大学	公共事务学院劳动 与社会保障专业	50
211 院校平均		70	非 211 院校平均		67

　　据调查院系负责就业工作的同志或有关班级辅导员介绍，截至 2009 年 5月底，北京大学政府管理学院的学生就业总体情况不错，本科毕业后读研的学生占到 80% 以上，出国和任职大学生村官的各占小部分。研究生就业状况整体不错，很少有延期毕业的。与 2008 年相比，本学院就业情况并没有出现预想的糟糕情况，总体趋势是好的，只不过没有 2008 年毕业生可以有更多的择业机会，但是每个人都能保证至少有两个工作岗位或机会。工作岗位还都不错，国企、公务员、外企、私企等都有分布，以国企和外企为主要构成。在华中科技大学卫生管理专业应届毕业生中，拿到协议书或者单位盖章认可的毕业生大概在 65% 左右。中国青年政治学院社会工作专业的就业情况整体上来说还算可以，与 2008 年相比上研率有提高，就业率稍有下降，与其他专业相比，本专业就业情况还行，目前 80% 左右的人已定或有意向要定。河南师范大学社会保障专业已经确定考上研究生的同学约占 30%，约 30% 的同学目前已经找到工作，本专业的就业状况不如去年，但与其他文科类专业相比，本专业就业形势颇占优势，也还不错。

　　据《2009 年大学生就业报告》数据，2008 届毕业生半年后的就业率约为86%，比 2007 届大学生毕业半年后就业率下降了 2 个百分点。其中，高职院校学生就业率与往年持平。总体看来，经济回调对大学生就业有不利影响，但幅度不大。相比较 9 月 1 日的就业数据，半年后的就业率上升了 16 个百分点。有专家认为，如果再统计一年后的就业率就会比半年后的就业率又上升 10 个百分点左右。在陕西就读、在榆林受访的几位毕业生所介绍的全班同学的就业历程，证实了专家们的判断（见附表 1.2）。除了西安翻译学院以外，其他 6

所高校近年来的初次就业率只有 1/3 左右，但是，半年后就业率就上升到 80%，一年后基本上都就业。其中，一位受访的西北工业大学国际经济与贸易专业 2008 届毕业生的说法很具有代表性。他说："毕业之前找到工作的可能占不到四成，剩下的都是在毕业之后慢慢找的。七月毕业，（多数是）在八月、九月这两个月找（到工作），最晚的是今年（2009 年）年初就业，没有拖到现在的（9 月份）。我们在（QQ）群里面聊，（我们班同学）基本上都就业了，只能说工资高与低，环境好与坏，就是这样的区别，就业都就业了。"

附表 1.2　　　陕西部分高校毕业生所反映的全班同学的就业历程

	毕业时	毕业后半年	毕业后一年	毕业后两年
西安翻译学院 2006 届毕业生	基本都找到工作			
陕西交通职业技术学院 2007 届毕业生		80% 左右就业		基本上都就业
咸阳师范学院政法系 2007 届专科毕业生	很少人找到工作			都就业，但不稳定，且只能维持生活
榆林学院中文系 2007 届毕业生	1/3 左右找到工作			绝大多数就业，一些同学在打零工
西北大学 2007 届英语系毕业生	1/3 找到工作			基本都就业
西北政法大学法学类 2008 届毕业生	少部分上研或找到工作		基本上都就业	
西北工业大学国际经济与贸易专业 2008 届毕业生	找到工作的不到四成	基本上都就业		

2. 尽管公共部门的就业很热，但是中小企业和民营企业仍是就业的主渠道

从陕西省榆林市榆阳区各类公共服务岗位报考人数与录用人数之比，可见近年来公共部门就业竞争的激烈程度。2008 年榆阳区公务员招聘考录比是 100：1，大学生村官是 33：1，中学语文老师是 30：1，中国电信客服岗位是 20：1。2009 年榆阳区大学生村官录用人数从 30 个增加到 55 个，同时考录比

也上升到40∶1，劳动保障协管员岗位的考录比大约为6∶1。

《2009年中国大学生就业报告》的统计数据还表明，制造业雇用了本科毕业生的27%和高职高专毕业生的31%，是应届大学毕业生最大的就业行业。民营企业和个体企业是2008届大学毕业生就业最多的雇主类型，雇用了34%的"211"大学应届毕业生、44%的非"211"本科应届毕业生和60%的高职高专应届毕业生。2008届大学毕业生就业最多的雇主规模多在300人以下。从就业去向来看，2009年一半的毕业生去了中小企业和民营企业，12%去了机关事业单位，25%去了三资企业。

3. 在就业率基本稳定的同时，就业质量下降明显

据智联招聘推出的"2009年上半年职场人与大学生薪酬盘点"[①] 显示，不同城市大学毕业生的起薪与2008年相比，均有不同程度下降，其中上海下降了9.73%，为2691元，北京下降了7.56%到2655元，深圳则下降了5.2%，为2575元。

我们的访谈不仅证实了毕业生的初职工资较低，而且发现很多毕业生的就业不对口、不稳定、缺乏劳动保护或者工时过长。从访谈情况来看，多数专科生的工作状况与农民工差不多，工作变动频繁，经常加班加点，没有加班工资。有的在外面呆不下去以后，被迫回家乡谋生。即使是西北工业大学这样的"211"工程院校，所培养的部分本科生的月工资也只有800元，就是打工地的最低工资。在杭州市，本科生的初职工资大多在2000元左右，外籍大学生在杭生存只能选择合租房子。在新乡市，河南师范大学社会保障专业毕业生的初职工资一般在1000元左右，并且大多不对口。北京大学政府管理学院和中国人民大学新闻学院已经找到工作的毕业生的工资收入要高一些，前者的初职工资在2500~5500元之间，后者在2000~4000元之间。尽管已经找到工作者是比较幸运的，但是在北京3000元左右的起点工资只能维持基本生活。

在毕业前已经找到工作的受访者中，至少有一半的毕业生对工作不太满

---

① 见"2009年年中智联招聘薪酬调研报告"，http：//www.7zbg.com/admin/upfile/2009876829.pdf。

意。除了较低的薪酬和缺乏劳动保护之外，缺乏发展空间也是一个重要因素。如果再加上毕业后由于生计等原因被迫就业者，那么一多半的毕业生对其就业质量不满意。

4. 就业公平问题需要引起高度关注

《2009 年中国大学生就业报告》显示，国家与社会管理者、私营企业主、企业经理人员、办事人员家庭的毕业生，求职成功的最主要渠道是"通过亲朋好友得到招聘信息"，而不像其他家庭的毕业生求职成功的最主要渠道为"大学招聘会"。相比之下，无业与失业人员家庭的子女就业率最低，每拿到一份工作邀请所需要的求职份数最多、求职成本最高。此外，调查数据表明，虽然 2008 届大学毕业生男女之间的就业率没有明显差别，但即便在女性毕业生占优势的专业中，男性毕业生薪资全部高于女性，可能存在同工不同酬的薪资歧视。

在我们的访谈中，对于"找工作的重要影响因素"，有 53 位受访者明确回答了这一问题。按频次由多到少排序，提到的重要因素依次是个人能力、社会关系、性别、户籍、长相、运气和民族等。提到后五个因素的受访者分别只有 2 ~ 3 个人，而提到个人能力和社会关系的受访者人数分别有 37 人和 31 人，占回答者的比例分别是 69.5% 和 58.5%。其中，个人能力包括学校牌子、学历、专业、专业素养、表达能力、亲和力、沟通能力、团队精神、自信、性格、主动积极性、学习成绩、英语水平以及综合素质等等，不同回答者的含义略有不同。在提到个人能力重要的受访者和提到社会关系重要的受访者中，有 20 人只强调了个人能力因素的重要性，14 人单纯强调社会关系的重要性，有 17 人认为两者都重要。

近六成的受访者认为社会关系在找工作中很重要，并且 1/4 以上的受访者认为它是最为重要的因素。这些确是不容忽视的小数据。

5. 大学毕业生的创业率非常低

《2009 年中国大学生就业报告》调查显示，2008 届大学毕业生自主创业比例为1%，与2007年的1.2%比例接近。自主创业的主要地区是就业比较困难的中西部地区，主要城市类型是地级及以下城市。

对于创业问题，一位刚参加工作不久的中学老师认为："就业观念有一点点变化，但是变化不大，还是希望能够进入一个稳定的工作单位，尤其是女孩。男生创业者多一些，但是都希望自己有一个稳定的工作后再创业。"

另据中国青年政治学院的一位毕业生反映，包括女生在内的大学生对创业的话题都很感兴趣，并且同学们之间进行了很热烈的讨论。她说："（同学们）觉得创业是个潮流吧，我（个人）觉得创业更轻松，更是自己想做的东西。就不会在政府里面要你做什么之类的。（之所以付诸行动者较少，是由于）我们主要是想到现在我们的学识和资源都不太具备。我们还想去NGO呆两年，掌握经验和资源啊，然后自己再开办相关的培训机构。"

二、就业难对社会、大学生本人及父母带来的影响

1. 就业难导致"读书无用论"在农村地区有所蔓延

在金融风暴的影响下，大学毕业生的工作越来越难找。而2009年3月《重庆晚报》的一篇报道称，2009年重庆市高考报名人数虽有增加，但应届高中毕业生中却有上万名学生没有报名高考，这些考生多是农村考生。当地部分区县的招生负责人在采访中解释了应届生放弃高考的三个主要原因：一是有的农村孩子迫于无奈，想拿个毕业证外出打工；二是在严峻的就业形势面前，有人认为，孩子成绩平平只能上专科，还不如早些出去打工挣钱；三是一些学校迫于升学率的比拼压力，会召集部分升学无望的考生做思想工作，劝其放弃高考。

我们的访谈材料显示，大学生就业难问题已经引起一部分中学生、大学生及其家长对高等教育价值的怀疑，不过，相比较而言，城市家长更能把握大的

方向，坚信知识的力量，而农村家长容易产生偏激看法乃至不当行动。

从访谈情况来看，一些城市父母支持孩子继续深造，而农村父母支持子女教育的热情有所减弱。这种态度和行为的差别，可能主要是由于很多老一代城市居民更有经验教训，对于知识的价值有切身的感受。

2. 大学生就业难导致"啃老族"的出现

有人认为，这个跟时代有关，也就是价值观的问题。这是一个物质相对优越的时代，老一代舍不得孩子在外面吃苦，找不到好的工作，就在家待着吧。到了这一代，已经不需要吃苦了。因此，建议加强青年的思想教育工作。但各方面的调查显示，多数大学毕业生羞于"啃老"，愿意离开父母在外面闯一闯。但是，迫于生计和现实，不得不依附父母。我们的访谈也支持这种调查发现。

据华师大的一项调查，待业大学生的主要经济收入来源于家庭支持。但他们绝非有意"啃老"，而是普遍对"啃老"表现出强烈的愧疚感。"父母都老了，可能会生病或者怎么样，我毕业了但没能赚钱，还要靠他们养，想想真是难过，欠父母的太多了……"这种愧疚感给他们带来很大的心理压力。

在我们的访谈中，一位中学教师向我们介绍了她的待业感受。她说："（压力）挺大的，没有工作不能老在家里待着，父母养着也不好意思。再就是找对象也不好找，在榆林这块你没有工作，找对象的时候就降低一个档次，这是女孩。男孩如果没有工作、没有房子就更低了。"另据一位受访的西北政法大学的毕业生介绍，一些同学返乡靠父母，是由于在外面实在混不下去了。

3. 大学毕业生工资低、保障差导致"蚁族"的出现

"蚁族"是对聚居在大城市城乡结合部，从事较不稳定、收入较低（从事保险推销、电子器材销售、广告营销、餐饮服务等工作，月均收入 2000 元左右）职业的大学毕业生群体的称呼。之所以把这个群体形象地称为"蚁族"，是因为该群体和蚂蚁有诸多类似的特点：高智、弱小、群居。据统计，仅北京一地就有至少 10 万"蚁族"。上海、广州、西安、重庆等各大城市都有大量

"蚁族"，在全国有上百万的规模。

我们访谈的浙江工商大学经济系的一位毕业生即将成为"蚁族"的一员。他将从事向超市推销红酒的工作，月收入在1500元左右，将与4位同学在城乡结合部合租房子。据华师大的一项调查，比起上海户籍的待业大学生来说，外地户籍的待业大学生生活更为艰难。他们一般住在最廉价的旅馆里，远离家庭、学校，希望能在上海打拼出一片天空。

要解释这种现象需要回答以下几个问题。

第一，大学毕业生为什么会从事这些较不稳定、收入较低的职业？这种现象是在高等教育大众化这一大背景下出现的。从就业方面看，当机关事业单位、大学科研机构等吸收大学生就业的主要部门趋于饱和的时候，大学毕业生不得不被推向企业和非正规就业部门，甚至与农民工竞争岗位。

第二，为什么在收入水平较低、生活成本较高的情况下，还有这么多大学毕业生愿意留在大城市工作生活？首先，这样一个收入水平相对于中小城市来说可能还是会高一点（但高得并不多）。其次，却是非常重要的是，大学毕业生普遍认为在大城市能够长见识，有更多发展机会和磨炼机会，也有较好预期，即使暂时收入较低也值得。

第三，为什么大学毕业生会聚居在城乡结合部？这是比较容易解释的，城乡结合部的房租较低，且离工作地点和市区的交通也算比较方便。这在大城市房价、房租飞涨的背景下是一个理性的选择。同时，具有相似背景的人"聚居"，能给刚在大城市落脚的大学毕业生一种安全感和认同感。

"蚁族"现象可能带来什么后果？我们认为，对此要有监测评估，但也不必过于担心其不良后果。

第一，聚居区的公共卫生、基础设施和治安状况较差，容易引发公共卫生和公共安全事件。

第二，总体而言，"蚁族"是较有奋斗精神的一个群体。另一方面，在现实压力下，他们的心理健康状况较差，情绪宣泄欲较强。但目前看来也不至于引发对抗社会的群体性事件，大多数人通过网络发泄情绪。

第三，"蚁族"现象直观反映了高等教育的投资回报率较低，会影响人们对高等教育的投入意愿。同时也对高等教育发出了需要改革的信号，会有一定的积极推动作用。

第四，与往年大学生千军万马挤向大城市的现象不同，近来大学生就业出现了一股"回流"潮，中小城市受到了大学生的青睐。不同的统计资料都表明，"京、沪、穗、深"曾一度是大学生就业的首选之地，大连、厦门等二线沿海发达城市次之。如今，在大城市生活持续增长的各种压力却使"事情正在起变化"，一部分大学生开始理性地反思这种"唯大城市是从"的就业观念，并且开始回流中小城市。我们的访谈也证实了这一点。

4. 待业大学生身心疲倦、情绪低落

据华师大的一项调查，57.1%的人感到很累，40.1%的人感觉找不到目标，22.6%的人对生活感到失望，59.3%的人很少与人交流。"啃老族"是待业大学生最怕听到的称呼，他们的主要经济收入来源于家庭支持，人际交往显得封闭，有话却找不到人来倾诉。

在我们的访谈中，一位学法律、专升本的毕业生谈了她一年待业的感受。"真正毕业了，待在家里，有时候听到同学说有的考上公务员了，有的到律所干了，自己也没什么事干，那时候心里面的落差就会特别大，觉得自己特别失败，那时候就要反省一下自己到底是怎么回事，也要想以后自己究竟要怎么做，那时候反正日子特别不好过。""（心理压力）特别特别大，而且当时特别（奇）怪的一点是我毕业7月份回到家之后，后半年一直没有什么招考的消息。我在家呆了半年，虽然没有消息，但是我一直准备，天天看书、一直复习，到最后没有消息我心里面就更慌，那时候也想过随便找一个工作都愿意干的那种感觉，不管挣多、挣少，只要有个事情干，不要再这样待在家里就好了，那时候没有任何想法，对于工作已经没有任何期待了，处于那样的状态，也是挺崩溃的那种感觉。"

另外，一位浙江工商大学经济系2009届毕业生也谈了他的感受。"工作一般找的时间久了，自己也没有什么信心了。刚开始的时候，还是挺有信心的，觉得自己会找一个很好的工作，但是时间一久了，同学一问我结果怎么样，自

己也说不清楚。""整个大学期间我花了七八万元，现在还没有找到工作，我觉得挺对不起父母的。"

三、大学生就业问题的原因分析

总的来看，大学生就业问题的产生源于就业需求不足，也源于供给方的就业意愿与就业能力不足，还源于供求匹配的效率不足。从就业需求角度来看，工作岗位的增长缓慢，与大学毕业生的增加形成反差。从供给角度来看，既存在大学生不愿从事的大量工作岗位，也存在着大学生就业能力不足而无法从事的职业。从供求匹配角度来看，主要的问题是就业信息不对称，缺乏针对大学生的职业指导体系，缺乏职业顾问等。虽然我们课题组不能确定这些因素的权重，但是我们比较有把握地说，大学毕业生就业难的问题既不能简单地归咎到大学扩招，也不能主要归咎于大学生的就业观念。

1. 产业结构不合理以及劳动密集型产业和服务业发展滞后，不利于大学生就业

专家（曾湘泉；苏海南）普遍认为[①]，产业结构不合理，不利于大学生就业。他们认为，社会上需要大学毕业生从事的"白领"岗位需求不足，这是我国产业结构不合理，特别是金融、法律、理财、高级家政等第三产业不够发达造成的。在我国劳动力总体供过于求的大背景下，加之 2008 年以来的经济回调，使不少用人单位不招聘、缓招聘人员，有的公司甚至裁员，这也进一步加剧了大学生就业的难度。

按照榆林市受访家长甲的说法，近年来榆林市"发展是快了一点，但是就业上还是难度大"，"这几年我们这边发展的还比较快，大部分（年轻人）

---

① 见"大学毕业生工资调查：北京起薪为 2655 元"，http：//news. sina. com. cn/c/sd/2009 - 08 - 25/173918508794. shtml。

还都不出去了，公司也比较多。临时还是有活干的，就是没有稳定的、待遇好的工作"。受访家长乙也介绍了相似的情况，他说，本村大学毕业生大多"是打工的，就是没正式的单位，没有固定（合同）这样的"。

另外，一位在见习岗位上的毕业生认为："中国相对于国外的许多行业都还没有发展起来，能够吸引大学生就业的工作岗位还是服务业和比较高端的产业，现在还是需要支持（高新）行业发展，大学生才能有就业的机会。"浙江工商大学国际贸易专业的一位受访毕业生也认为："国家政策主要还是要放在抓经济，基本面好了，市场需求就大了。"

2. 一些地方对创业的支持较少，索取偏多

国际比较表明，在我国开办企业的收费高、手续复杂，时间长。并且，非政府组织和社会企业发展的障碍也很多。

以企业发展为例。在访谈中，一位民企老板告诉我们："尽管不稳定，企业就业也是一个渠道。但是我是不想多用人。一个是我的需求量达到饱和，还不给我一定优惠条件，我就不愿意招。现在苛捐杂税多，像绿化跟我要一份，治安也跟我要一份，正常营业税也交，企业还要交所得税，一项优惠条件也不给，把企业折腾得叫苦连天。"另外，他还说："我是搞地质勘探，以前搞一两家施工单位，而现在搞七八家，市场现在是低价竞争，就有不规范开采，而且要求打30米，他们就打15米，他们低价还可以赚到钱。我不敢干这些事，我是企业法人，我不能这么做，所以现在就很难。""（虽然）这些都是我的单位问题，但是和大学生就业都有连带关系的，你不给企业保驾护航，企业怎么尽这个责任和义务呢？"

一位受访的大学辅导员也认为："增加就业的最终渠道还是中小企业，应给个体户提供生存空间，比如减税等，这才是吸收就业的主要方法。我的两个哥哥在家乡开了一家木头加工店，钱挣得不多，可是今天这个来要费，明天那个来催费，挣的钱还不够上交各种名目的费用。我一直就是持这种观点，人家个人做一点小生意，怎么能够承担得了你各种部门都来收费？只要不违反国家法律，对于个人的发展国家就不应该太多的干预嘛。人家自己做点手艺活，连

个私企都算不上，你这样拼命地收费谁能受得了啊！国家要着力盘活各种企业，而非只关注国有大中型企业。我们国家一直都不能够做到真正的放权，权力太过于集中了。总是担心下面的私营企业掌管得太多，而不敢放手鼓励他们的发展，这样就业怎么能好得了呢?!"因此，他建议："大学生创业只要不违法，国家就不必太多的干涉。我比较推崇老子的'无为而治'。现在我们讲科学发展观和构建和谐社会，而'和谐'，最重要的是从实事求是做起，所以我们要注重权力分配。"

3. 教育发展与劳动力市场需求相脱节

提到大学生就业困难，很多人最先想到的原因是，近年来中国高校大规模扩招，造成大学生数量太多，而经济发展对大学生的需求远远小于大学生的供给。例如，苏海南认为，近年来大学生连续扩招，大学生供给与需求不太相符，大学专业的设置和招收人数，与市场需求对不上，有的专业可能根本没有市场需求，招的人却偏偏比较多。曾湘泉也认为，一些门槛低的专业盲目扩招，产生无效供给，使学生们毕业了就没有工作。

但是，吴启迪认为[1]，不要随便地把"扩招"和"就业难"这两件事情联系在一起，当然从数字上看可能是这样，因为现在大学生多了，毕业以后找工作的人也就多了，肯定会影响就业。这好像很直观，但其实这两者的关系很复杂，要作为一个系统来看。为什么中国需要更多的大学生？假如中国现在毛入学率在23%的话，这并不算高，韩国是百分之七八十的毛入学率。文革造成了一个窟窿，那个窟窿要补，总有一天要把它补起来。我们作为一个要想发展的国家，如果要提高国民素质，要想搞创新型国家，大学生的数量要多，这是没有问题的。蔡昉等人也认为，比较一下我国与其他国家的受教育状况，我国的高等教育远未到位。目前大学生面临的较为严峻的就业形势，一方面与其他国家的大学生就业困难原因相同，另一方面是宏观经济形势对大学生就业冲击的结果。

---

[1]　见"教育部原副部长吴启迪：大学生为什么就业难"，http://www.bjbys.net.cn/jyzd/zjft2/252285.shtml。

在我们的访谈中，有几位毕业生谈到了大学专业设置不合理和盲目扩招的问题。我们课题组认为，扩招没有问题，关键是全面的、不分专业的扩招。

4. 高等院校的教学质量不高

专家们（苏海南，冯丽娟）认为[1]，大学重知识培养、轻能力锻炼的现状，使大学生就业能力和适应市场的能力较弱。一份针对上海市 14 所知名高校应届毕业生开展的调查问卷结果显示，62.03% 的受访者对当前大学就业教育表示不满。理由主要集中在高校就业教育实践类的缺失：62.7% 的学生认为在学校学到的知识，不够找工作；60.4% 的学生认为，现有知识结构很难胜任今后工作。

吴启迪认为，就业的事情既与学校的专业设置有关，又跟教学质量有关。像这类问题，学校应该关注，应该敏感，应该跟踪。但高校目前出现了一些情况，为了提高一次就业率的数字，毕业论文、毕业设计都不好好做。这种状况从长远看很糟糕，会使我们大学生的质量真正降低。许多大学最后一年就荒废了，或至少荒废半年。而我们现在就片面地追求初次就业率。这其中难免会有虚假成分。

在我们的访谈中，某大学一位 2009 届毕业生讲，男生玩电脑游戏很普遍。她的一位同班男同学证实了这一说法："有的时候整天都泡在电脑游戏上面。现在学生都比较聪明，考试突击一下就行了。老师出题也比较容易。"另一位同学院男生的说法更具体，他说："同学们不认真学，大家都以'过'为目标，学英语的氛围还行，但专业知识学得不够。老师不敢出难题，（同学们）即使不听课，花两三天看笔记、看书就能过。"

另外，某大学一位学生干部反映："大学的公共课程过多，包括政治、古文和诗歌等，有些课程在高中时期已经学过，语言既不平民化又不学术化，并且这些课题集中安排在'大一'甚至'大二'，给人的信号是大学课程没有用。（结果导致）一些同学养成了睡懒觉和不好的（学习）习惯，到了'大

---

[1] 见"中介机构称 2008 届大学生就业率达 86%"，http：//www.caijing.com.cn/templates/inc/webcontent。

三'、'大四'一些同学就废了、疲态了。"

5. 地区间和职业间发展机会、待遇水平差别过大

吴启迪认为，大学生找不到工作，其实是一个结构上的问题。有些地方岗位没多少，但是大家都想去，有的地方很需要人才，但大家又不愿意去。因此，有人认为大学毕业生不够有理想、没有抱负。但从调研的情况来看，大学生普遍选择东部沿海和大城市地区，既有物质和经济方面的因素，也体现了年轻人希望独立闯世界的可贵品质。

苏海南认为，大部分人喜欢在大城市、高工资岗位就业，也是造成目前大学生就业难的重要原因之一。"作为大学生，想到大城市、大单位、大机关工作，力争用最短时间提高个人人力资本的积累，使自己能够更好地实现个人价值，这种心情是可以理解的。但这容易形成'热岛效应'，以至于在大城市、大单位、大机关找到好的就业机会的难度大大增加。"蔡昉等人则认为，并不是大学生热衷于公务员岗位，而是社会上没有更多更好的其他就业机会。

我们课题组认为，近年来大学生在择业时首选一般是机关事业单位，短期原因可能和国企在金融危机中抗风险能力有关。2008 年国企的加薪幅度高达14.75%，在所有性质企业中位列第一。自金融危机爆发以来，无论是银行的信贷扩张还是"4 万亿"经济刺激计划，"国字号"企业均被认为是最大的受益者。在新一轮资产重组和并购狂潮之下，其人才需求也显得更为迫切。但是根本原因是机关事业单位与企业的待遇和稳定性存在较大差距，很多中小企业甚至没有被纳入社会保障制度。长此以往，对劳动力市场的正常运行、国家经济活力和创新都会产生不良影响。

6. 大学生自身素质不够

在讨论大学生自身的问题时，一些人强调大学毕业生对地点选择不当和对工资预期过高，认为大学生就业压力大很大程度上是由于就业观念不正确，因为大学生往往是眼高手低，低不成、高不就。我们不赞成这类说法。来自薪酬公开网的最新调查数据显示，2008 年 10 月份在济南就读的应届毕业生的期望

薪酬为 1200～1300 元/月，而这个数字在 8 月份还是 1500 元/月。一份针对上海市 14 所高校的调查显示，半数以上学生愿意先就业后择业，而对起薪要求，也降低至 1500～3000 元/月区间。华师大的一项调查显示，待业大学生中，大多数人对自身的定位还是比较准确的。63.8% 的人认为自己介于精英阶层和普通劳动者之间，28.8% 的人认为自己是普通劳动者的一员，仅有 7.4% 的人认为自己属于社会精英。在薪酬问题上，48.5% 的人愿意接受 1001 到 2000 元的工资收入，这远低于上海市发布的 2009 年毕业生指导工资。相比之下，待业大学生寻求个人发展空间的需求十分强烈。为了追求个人发展，沿海大城市成为待业大学生求职的主要地域。在访谈中，我们发现待业大学生的期望比较适中。

另一方面，我们赞成个人综合素质的不足是就业难的重要因素。据华师大学生的一项调查，多数待业大学生把个人因素视为待业的主要原因。在"大学生就业难，您认为谁的责任最大"中，52.5% 的人选择了"个人"；59.3% 的人认为"自身能力不足"是导致就业难的原因。杨东平认为，"用人单位对大学生的评价，并不是在专业技能上，更多的是看重大学生的价值观、基本的工作能力"。根据雇主对大学生各项工作能力的评估，2008 届毕业生的应用分析能力、管理能力较弱，本科毕业生亟需提高口头沟通、谈判技能和说服他人的能力。

如前所述，在我们的访谈中，近七成的受访者认为个人能力不足是影响就业的重要因素。当然，个人素质差的原因又是多方面的，有些人主要是个人原因导致的。如一位浙江工商大学经济系 2009 届毕业生所说，班里有位同学工作没着落的根源在于他自身，平时过于迷恋电脑和游戏。还有些人是由于主客观原因共同作用的结果。如一位浙江工商大学经济系 2009 届毕业生的学习成绩很差，不能简单归咎于他本人的不努力。

7. 学校的就业服务和指导不够

苏海南认为，大学生就业服务方面，包括就业信息提供、就业障碍消除、创业支持、就业后顾之忧的解决等，都存在需要继续改进完善之处。一位浙江工商大学 2009 届的毕业生认为："学校就业指导网挺好的，提供的就业信息比较真实可靠"。同时，她认为："学校开展的就业指导讲座的时间滞后，我觉得大一就可以开始开这样一门课程。"

四、2010 年大学生就业形势和对策建议

高校毕业生就业问题已经成为新的焦点，尤其是困难家庭、农村家庭、少数民族家庭的学生就业更加困难。原因是多方面的，需要采取综合性对策。在 3～5 年时间内，应坚持扶持大学生就业的基本思路，抓好现有政策措施的落实，以促进就业公平和改善就业质量为重点，完善现有的制度体系。

1. 我们对今年大学生就业形势持"谨慎乐观"的态度

据人力资源和社会保障部估计，2010 年城镇就业需求为 2400 万人，岗位供给为 1200 万，缺口在 1200 万。新进入劳动力为 1350 万人，其中高校毕业生估计为 630 万人，比 2009 年增加 20 万。

附表 1.3　　　2010 年大学生就业的有利条件和不利条件

	供方	需方
有利因素	往年的政策和经验	经济增长幅度、稳定性好于上年；一些地方实行重大项目就业评估制度；中小企业发展优惠政策；新兴战略产业的发展；基本公共服务的加强
不利因素	新增就业人数 20 万；未就业存量增加；住房成本（房租、水电）上升	国有企业扩招的可持续性；产能过剩产业调整

附表 1.3 列出了今年大学生就业的有利条件和不利条件。尽管经济回暖、国家调控政策较为得力等因素使得社会提供了很多就业岗位，但是与此同时，毕业生的数字也在增长。2010 年全国高校毕业生规模将达 630 余万人，加上往届就业不稳定的，高校毕业生就业形势仍然比较严峻。

我们的乐观既来自于宏观经济的复苏，更来自于中央可能采取的结构调整政策，特别是促进中小企业发展的政策。

2. 现行促进大学生就业的政策比较模糊，且重视量的扩张，对质的提升重视不够

国务院办公厅下发了《关于加强普通高等学校毕业生就业工作的通知》（国办发〔2009〕3号），提出要把高校毕业生就业摆在当前就业工作的首位，扩宽四条渠道，强化三个举措，千方百计促进高校毕业生就业。一个首位，就是要将高校毕业生就业摆在当前就业工作的首位。四条渠道，一是鼓励和引导毕业生到城乡基层就业；二是鼓励毕业生到中小企业和非公有制企业就业；三是鼓励骨干企业和科研项目吸纳和稳定高校毕业生就业；四是鼓励和支持毕业生自主创业。三项举措，一是强化毕业生就业服务；二是提升毕业生就业能力；三是强化困难毕业生就业援助。

除了招考中的公平公正问题外，现行大学生村官政策存在多项不确定因素。据一位受访大学生村官介绍："文件上这句话是这样说的，三年之后考核优异者考虑推荐到乡镇担任副职领导后备干部……这句话有多种不确定的内容，且三年之后如果换一届领导就不承认了，也有可能……前一段时间凤凰电视台报道了东北大学生村官事情，东北可能是早一点（试点的地区），当完三年以后当地的政府给他们的还是村官的称呼，当时政府也有类似的承诺（可以晋升乡干部），但一直没有办到，既没有事业编制，也没有公务员编制。"另外，国家对于大学生村官两年后考公务员加分没有统一规定。每个地方有不同的规定。因此，他认为："有些只是说有适当的加分照顾，或者说同等条件下优先考虑，但是到时候优先考虑而不是优先录取，优先考虑也可以考虑不用，这方面实质性的东西没有明确。"还有，大学生村官的医疗保障问题还没有落实。

"三支一扶"项目的效果不佳。据一位中学校长介绍，所在学校接受了两个支教的大学毕业生。当时他们来的时候抱着锻炼的目的，另外国家好像还有一点点优惠政策，就是回去以后可以优先就业，再就是好像考试可能会加一些

分。另外地方也有政策，如果这些大学生愿意留下来可以续签合同，但是后来都没有留下。其中一位待了一年，另外一位待了两年时间。这位校长认为，他们有的是语言不好，方言太重，本地学生听不懂，这是一个困难。另外，这些老师教学经验不够，他们来这儿待一两年就要走，不够有责任心，所以学校不想继续接受支教老师。

劳动保障协管员的工作量大，但工资水平偏低，甚至难以维持基本生活。除了劳动保障的活，街道的很多工作都要参与。受访的大学生有如下反映："我们是以劳务派遣的形式就业的，每月工资收入在 1000 元左右，此外提供基本保险。""当时我们是经过好几轮考试录取的，应该是正式的工作，现在看来就是这个样子，说到底就是有点像白用你的感觉，使用你但是不给你待遇。""一个月要交 200 元的房租，冬季的时候还有取暖费。""我们这边的物价比西安的物价翻一倍，我们吃最便宜的东西也要五六块，如果是男的可能就吃不饱。""我们岗位的这些人，完全不是多余的，就是用这部分人给他解决问题，我们这部分人就是完完全全的工作。他们现在这些工作人员需要我们这些人，所有的工作我们都在做，而且工作量也不小。待遇不给增，用也用，不知道最终的目的是什么？（希望）政策尽早有一个明确的说法。"

针对 2010 年的就业形势，最近教育部出台了一些新的措施力促毕业生就业。这些举措主要包括：努力扩大各类项目吸纳高校毕业生的规模，积极开辟高校毕业生就业的新渠道，大力推进高校毕业生自主创业，全面提升毕业生就业指导服务水平，认真做好特殊群体的就业援助工作，以及以社会需求为导向，推动新一轮高等教育改革，并且加强思想教育，积极引导毕业生转变择业观念。这些新措施的主要目的还是聚焦于提高就业率，没能将工作重点转到改善就业质量和公平性上来。

3. 多管齐下，共担责任，从需求、供给和供需匹配三个方面促进大学生就业

大学生就业面临的质量和公平性问题，其中因素很多，需要高校、大学生以及国家和社会从不同方面承担各自的责任。

杨伟国、王飞等认为，虽然大学毕业生是劳动力市场上的优势群体，但是大学生就业的劳动力市场过程并不稳定，特别是考虑到大学生的高人力资本存量，国外都积极采取专门针对大学生的"特殊性"的就业政策。在需求促进方面，通过创业便利和创业教育的结合刺激创业精神，创造就业岗位（如美国）。在供给促进方面，通过免除学生的贷款义务等激励措施，鼓励大学生到艰苦的地区或从事特定的职业（如美国等），以及通过大学、政府与私人部门共同合作以提升大学生的就业能力，提高就业的适应性与灵活性（如加拿大、法国等）；在供求匹配促进方面，主要是向大学生提供就业信息并根据这些信息接受职业指导，进行有效的职业决策（如英国、德国、日本等）。

4. 2010 年促进大学生就业的措施建议

一是进一步落实和完善促进就业的政策措施。继续抓好已出台的一系列稳定和扩大就业政策措施的落实，延续和充实政策内容，完善操作方法，畅通政策落实渠道。

二是将特殊群体、特殊企业享受的社会保险补贴，扩展到所有中小企业，以切实支持中小企业的发展以及增加就业数量和提高质量。中小企业的利润较薄，国家补贴社会保险缴费可以降低企业负担，促进中小企业发展，扩大就业，同时又可使劳动者享有基本保障，缩小与机关事业单位的差距，减轻公共部门就业的压力。这类财政补贴对就业的拉动作用肯定好于政府性投资。

三是消除创业障碍和限制，为工作岗位的创造提供便利条件。要创造适合的政策环境，帮助大学生创业。应降低开办企业的税费，简化程序。全面推进首批国家级创业型城市创建工作，积极鼓励和支持劳动者自主创业和自谋职业，促进以创业带动就业，推进各种形式的灵活就业。将创业教育和职业指导课程，列入高校课程内容和教育计划，并给予学分。

四是进一步加强基本保障管理和服务，实现满足群众基本需求和拉动就业的双重目的。我国公共部门就业比例在国际上本来是偏低的，应重视其在促进就业中的作用。20 世纪 90 年代初期，世界主要国家公共部门就业人口占总人口和就业人口的比重分别是 4.7% 和 11%，而 2007 年我国公共部门就业人口的比重分别只有 3% 和 5.2%。教育、医疗卫生和社会保障等基本保障的发展还有很大空间，同时这些行业的就业弹性较高，因此加强基本保障管理和服务，可以实现双重目的。比如，针对农村初中生辍学率高和农民工子女课后无人看管，以及城乡低保错保率和漏保率偏高等方面的问题，城乡基层应增设社会工作岗位，以缓解大学文科毕业生就业特别困难的问题。

五是要重视改善就业公平。首先要对就业公平进行监督评估，同时应研究探索向低收入、就业困难群体倾斜分配新增公共就业岗位的机制和办法。

六是落实和完善就业服务的政策措施，减少摩擦性失业。一是在提供普惠式就业服务的基础上，有关部门应在全国组织开展面向大学生的就业服务专项活动。二是打造一站式的整合性就业服务系统，实现求职毕业生在一个统一的就业服务信息平台上乃至从单一机构既能了解工作信息、政策信息，还能获得咨询、求职帮助、生活帮助等全面和个性化的服务。

七是在加强计划和行政手段调控专业设置和招生规模的同时，要研究引入经济手段控制高校的盲目扩招行为。单纯采取计划和行政手段，在技术上需要有关部门齐心协力预测每个专业的市场需求，在政治上需要严格按需求总量将各个专业招生指标在各高校间进行调整分配。引入适当的经济制约手段，可以抑制高校的盲目扩张冲动。比如说，对于每年 9 月底未实现就业的应届毕业生，各高校有责任承担他们短时期的最低生活费用，比如说半年内每个月支付300 元。这笔钱连同个人档案应一次性转到待业大学生本人指定的人才市场。在半年时间里由人力市场对待业者进行就业服务指导和生活救济以及就业能力和居住状况的监测评估。

八是通过试点探索完善高校的课程设置、讲授方式和考试制度。对于政治等公共课程，应改变集中于第一学年传授的做法，适当分散到大学各学年、各学期；同时应改变满堂灌的教学方式，要调动学生参与讨论和自我组织学习的积极性。可以选择一两所"211"工程大学进行有关政治课程的教学改革试点。同时，应改变课程结束时一次性考试的制度，所有课程的考评都要将平时参与讨论和作业完成情况与最后的考试成绩结合起来。

最后，应改变就业率的"紧迫统计"为半年后统计，防止出现学生提前半年至一年时间找工作的现象。目前的考核前移会对学校造成很大冲击，迫使大学生毕业前半年处于荒废状态，这实际上恶化了大学生的就业形势。它对博士生和硕士生的论文影响也是非常大的，直接降低了博士生和硕士生的培养水平。

贡　森　执笔

附件二　渔农村新型社区工作者队伍研究

——以浙江省舟山市为例

　　浙江省舟山市在 2005 年实施渔农村新型社区建设工程，2008 年又率先在全省实现一社区（村）一大学生。本研究通过实地访谈和问卷调查等方式，深入了解近 5 年来舟山各地渔农村新型社区发展中社区工作者的队伍发展情况，重点围绕社区工作者的来源和特征（性别、年龄和学历结构）、职务安排、培训与进修、工资和待遇，以及这一群体对工作的态度和期望等方面进行具体分析。在总结舟山渔农村新型社区工作者队伍建设喜人成绩的同时，也对未来仍需关注的三方面问题（理顺社区与村委会、乡镇关系，明确社区工作者身份，调动社区工作者工作积极性）予以探讨。

一、研究背景

　　2005 年 3 月 3 日，浙江省舟山市委、市政府发布《关于建立渔农村新型社区的实施意见》（以下简称《实施意见》），提出用一年时间在该市建立渔农村新型社区，以期创新渔农村管理和服务机制，统筹城乡基础设施规划和建设，推进民主法制，探索建立渔农村社会保障（尤其是养老保障）机制，将渔农村建设成为经济繁荣、环境优美、生活富裕、民主文明、社会和谐的新型社区。简单来说，就是把原来的各个行政村，通过单独、合并或联合的方式，组建社区管理委员会，赋予与原行政村不一样的管理体制。

市政府新渔农村建设委员会办公室（与舟山市"暖人心促发展"工程总指挥部办公室和中共舟山市委舟山市人民政府渔农村工作办公室合署办公），专司渔农村新型社区建设的指导、管理、监督和协调工作。新农办内设综合财务部、经济发展部、社区建设部、社会事业部、督察联络部、培训就业部和帮扶救助部共7个职能部门。从各职能部门的职责划分来看，对各渔农村社区干部进行培训、督察、考核应属督察联络部的工作范围。

在渔农村新型社区工作者队伍建设问题上，《实施意见》特别强调了在实施过程中要"建立组织，选配干部，明确待遇"。

组织建立方面，社区设立党总支或党支部和社区管委会。社区党总支下设支部，支部下设党小组；社区管委会下设社会保障、社会事务、人民调解、社区警务、村级财务服务等组织。

干部选配方面，社区工作人员的配置人数，视社区规模，一般每个社区3至5人左右；社区主要负责人由乡镇（街道）党委、政府按干部任用程序决定选任。社区党组织与社区管委会领导可实行交叉兼职。社区领导成员可从村两委会成员中择优聘用或从乡镇干部调配，也可推行公开选拔录用。

待遇明确方面，社区工作人员的工资和奖金具体标准未作统一，根据当地经济发展状况、社区的工作量和实际工作业绩，由财政支付发放。社区工作人员的养老保险、失业保险、医疗保险按有关规定执行。未进入社区班子的村干部，不再领取村级集体经济支付的固定补贴，而是因工作需要，视实际工作业绩和出勤情况，给予临时性的误工补贴，其补贴标准由村民代表大会讨论决定。

为保证该项工作的有效实现，舟山市还设置了市领导和社区工作指导委员会成员单位联系点制度。市委和市政府相关领导负责联系舟山市内4个区县和市直属的临城街道、普陀山镇，委员会16个成员单位分别联系一个乡镇，同时在整个渔农村新型社区建设中承担特定的职责和任务。

比如，市委组织部负责指导基层党委加强新型社区党组织建设，指导社区党组织加强对社区内党员的教育、管理工作，帮助乡镇（街道）党委选配好社区干部，帮助制定社区干部管理考核办法。市委宣传部组织新闻媒体及时报道各地好的做法和先进经验，及时报道宣传新型社区建设中涌现的先进典型。市民政局把握新型社区建设工作中相关的法规政策，帮助制定社区管理委员会具体职责任务。市财政局落实新型社区"以奖代保"和社区工作人员报酬配套资金，并纳入年度财政预算，对各地"以奖代保"资金使用情况进行有效监督。市人事劳动和社会保障局帮助制定社区工作人员工资及奖金的发放标准。安排特定工作的业务培训，提高社区工作人员的业务水平，如市司法局负责人民调解组织工作人员的业务培训，市卫生局加强对合作医疗工作有关人员的业务培训，市计生委加强对社区计生工作的管理与监督等。

到 2005 年底，根据该《实施意见》的规划，舟山市所辖 4 个区县，除定海（定海区政府驻地）、沈家门（普陀区政府驻地）、高亭（岱山县政府驻地）、菜园（嵊泗县政府驻地）和洋山（嵊泗县洋山新城管委会所在地）5 个城区所属的居民委员会及插花的城中村以外，其他地方的村（包括居）均相继组建渔农村新型社区，并设立社区管理委员会。以岱山县为例，至 2005 年 7 月全县 39 个渔农村新型社区全部挂牌成立，其中 9 个村单建 9 个社区，33 个村撤建 9 个社区，52 个村联建 17 个社区，20 个村撤并联建 4 个社区。社区平均人口 3789 人，其中最大的社区人口为 6780 人，最小的社区人口为 1345 人。

在社区工作人员配置上，除原有各村部分工作人员进入社区外，2006 年开始，舟山市积极推进大学生村官工程。到 2008 年，全市实现一社区（村）一大学生，并逐步向一社区（村）两大学生发展。

二、研究设计

社区工作的推动主要依靠社区工作者的实务活动来实现，舟山市渔农村新型社区建设如想取得良好效果，自然也离不开一支高素质、高效率、稳定的社区工作者队伍。为此，课题组采取访谈和问卷发放相结合的研究方法，主要对以下几方面问题展开调查。

第一，社区工作人员的基本情况。包括每个社区工作人员的数量、来源结构、性别和年龄结构、学历和专业结构等。

第二，社区工作人员的工作现状。包括工作人员职责分工、工资和待遇、参加过的培训和进修等。

第三，社区工作人员的态度和期望。包括社区大学生村官的工作满意度、未来工作期望等。

其中，深入访谈主要在岱山岛和衢山岛上的社区进行。主要访谈对象分为三类，一为镇机关主管渔农村新型社区建设的工作人员，二为社区工作人员（包括社区管理委员会的主要领导、普通工作人员、大学生村官等），三为普通村民。其中以访谈社区工作人员为主。

问卷发放部分，采取的是邮寄问卷。面向全市已建立的192个渔农村新型社区发放，75个社区回寄了问卷，回收率为39.06%。其中岱山县因对部分社区进行当面访问确认，回收率最高，达到74.36%，定海区和普陀区可能因个别新组建社区名单数据发生问题导致问卷延后以及其他未明因素，致发往这两个区的问卷平均回收率只有26.67%。总体来说，39.06%的回收率，比较符合一般研究中邮寄问卷回收率在30%~60%之间的惯例。

三、调查结果

结合访谈和问卷回收两项结果，舟山市渔农村新型社区工作者队伍发展情况大致如下。

1. 社区工作者队伍的基本情况

（1）社区工作者的数量

根据回收的问卷调查显示，各社区工作人员的数量一般为5~9人，平均

7人。这一数据似乎远远高于当初市政府在《关于建立渔农村新型社区的实施意见》中所预期的3~5人，即使只统计社区正副主任和委员，不包括大学生村官及一般工作人员，也有多个社区达到6人，甚至7人。

大体上，辖区人口数量决定工作人员配备数。4000人以下的社区，工作人员以6人居多，个别只有5人。4000人以上的社区，则多为7~9人。

另外，社区组建的形式和社区工作人员配备数量密切相关。由于各地人口、产业结构等差异，有相当一部分村虽然在2005年同意取消村民委员会的建制，但保留了村民经济合作社的建制和牌子，这种情况在渔农业混合型社区，以及城区近郊的行政村中尤为明显。主要原因是一些人均土地资源大，村集体经济效益好的村不愿意和邻近其他村分享集体经济财富。所以，目前实际上存在的社区形式包括三种。

①一社区一村，且合并前各村的经济合并，办公合一。这种是最彻底的形式，但只占调查社区总数的2成。如衢山镇枕头山社区、秀山乡秀南社区、菜园镇青沙社区等。

②一社区一村，但合并前各村（或个别村）仍保留经济合作社，即社区行政合并但经济不合并，这种占1/3。如高亭镇石马岙社区、虎斗社区，长涂镇倭井潭社区，秀山乡秀北社区、秀南社区等。

③联村共建社区，即保留行政村建制不变，但基于保护共同利益等因素，联合起来建立一个社区管委会。这种形式在岱山县、嵊泗县、定海城区近郊、市直属的临城街道和普陀山镇，以及六横镇被大量采用。

从工作人员办公地点分布上来看，联村共建还可以分为两类。一类是大部分社区干部集中办公，约占1/4。如衢山镇幸福社区、龙潭社区、桂花社区等，嵊山镇陈钱山社区。另一类则是组成社区的各村基本上办公各管各，而大学生村官则常驻社区办公室，并不定期到各村办公，这类社区也有2成。如高亭镇南峰社区，衢山镇太平社区，枸杞乡大王社区等。这种情况下实际只是使用统一的社区名号而已，内部事务一切照旧。

若控制人口规模这个变量，则经济合并的一社区一村，所配备工作人员最少，融合程度越低，配备干部越多。这主要是为了平衡原有各村的力量，通常社区组建前人口最多的那个村出任社区总支书记和主任，其他各村则分别担任副书记和副主任。再加上社区委员、大学生村官和其他干部，八九个干部也就不足为怪了。

从某种角度上来说，政府早期希望通过村村合并组建社区，来减少村干部、减轻群众负担的初衷并没有预期实现。从调查情况来看，这也并非坏事。因为渔农村新型社区建设开始，社区处理的事务比以前有所增加，这个时候若减少干部数量，并不见得就是明智的。并且为提高社区干部的素质，舟山市已经在2008年率先在浙江省实现一社区（村）一名大学生，有些社区甚至已经配备两名，如岱山镇幸福社区、太平社区等。据有关新闻报道，2009年将再推出198个村官岗位，这意味着一社区两名大学生将成为常态。在这种情况下，社区工作人员的数量也不可能会大幅减少。

（2）社区工作者的来源组成

社区管理委员并非民选的基层群众自治组织，与村民委员会在性质上不同，实际上它更像是乡镇政府的下位派出机构，所以干部来源也与村民委员会有所不同，大体可以分为以下四部分。

①乡镇下派干部。属于乡镇公务员，工资也不在社区中领。下派干部通常担任社区党总支（或党支部）书记，常常也兼任社区管委会主任，为社区第一把手。从回寄的问卷来看，社区一把手系乡镇下派干部的比例不是很高，但也占约1/4强，以联建（包括撤并联建）社区为主。如岱山镇幸福社区、桂花社区、嵊山镇陈钱山社区等。下派干部也分为两种，一种是直接从乡镇机关工作人员中选任下派，另一种是原社区干部被授予乡镇工作人员的身份，前者自然较有利于社区和乡镇的联系，对社区开展工作较为有利。

②原合并各村的村干部留任。这是社区干部最主要的来源，占总数的68%。其中原各村的正职干部（村支书或村主任）约占目前社区总干部数的34%，他们大多直接成为社区的副职，如果没有下派干部的话，通常人口最多的那个村的正职会被任命为社区一把手。村干部换届选举时，其所担任的社区职务可能跟着被换掉，也就是说，社区工作者的聘任是跟村委会选举直接挂钩的。村干部三年一选，社区干部三年一聘。这种挂钩的做法，虽然保证了社区

干部和村干部的一致，便于工作开展，但也使社区工作人员的稳定性下降。另一方面，并非所有的村干部都能进入社区管委会，不说联建的社区受名额所限无法满足所有村干部进社区的需求，即便是一村一社区的情况下，也还存在未进社区的村干部。如青沙社区、秀南社区等都属于一村一社区，且经济合作社也合并，但也还各有 2 名村干部未进社区，这些村干部的待遇，一般是各村自行比照社区干部。

③另外招聘。如果原村干部中无人担任某项工作，那么可以另外招聘工作人员。比较多见的是招聘妇女主任和食品安全协管员，前者由社区报乡镇批准聘任，后者由区县食品安全委员会办公室批准聘任。

④大学生村官。由一年一度的全省村官考试择优录用，舟山市自 2006 年开始招聘第一批 49 名大学生进社区工作。至 2008 年共招聘 3 批 282 名，覆盖全市所有的渔农村社区，一些人口较多的社区已经配备 2 位大学生，成为浙江省第一个全面实行一社区（村）一大学生的地级市。

（3）社区工作者的性别、年龄和学历结构

①性别结构。在回寄问卷的社区中，女性工作者占总数的 45.79%，性别比例较为适当。但由女性担任一把手的社区仅占 2 成，比例较低，极个别村的社区副职（包括党总支副书记和管委会副主任）也没有女性干部。

在大学生村官中，女性比重较高，在调查社区中占 68.75%。如果这一发展势头维持，有可能改变传统上农村干部男性占主导的局面。

②年龄结构。填写年龄的 479 位工作人员的平均年龄为 43.7 岁（由于年龄由社区工作人员自己填写，填报的可能是虚岁）。除大学生村官以外的社区工作人员的平均年龄为 47.4 岁，主要集中于 40~59 岁，占社区干部总人数的83.7%。30 岁以下的仅占 13.8%，年龄最轻的 24 岁，是枕头山社区另外招聘的妇女主任刘娟。年龄最大的 62 岁，是黄官泥岙村主任兼南峰社区副主任陈国定。

大学生村官的年龄集中在 23~28 岁，大学生村官的引入加速社区干部年轻化趋势。

③学历和专业结构。在问卷中填写学历的 516 位工作人员的平均受教育年

限为 12.88 年。其中初中以下的 84 位，占 16.3%；高中或中专的 209 位，占 40.5%；大专 169 位，占 32.8%；本科 54 位，占 10.5%。若不包括大学生村官，则初中以下为 19.5%，高中或中专为 48.3%，大专为 29.8%，本科为 2.3%，平均受教育年限为 12.36 年。

按照年龄分组来看，年轻工作者的学历较高。同时填写年龄和学历的工作人员中，51 岁以上组的平均受教育年限为 10.56 年，无大专以上学历；40~50 岁组平均受教育年限为 13.05 年，以高中（含中专）和大专为主，两者约为 6∶4，个别为初中或本科；39 岁以下组的平均受教育年限为 15 年，除少数另外聘请的社区工作人员为高中（含中专）学历外，基本上为大学生。

拥有大专以上学历的社区工作者，大学生村官和原来的村干部有较大区别。其中原来的村干部通过在职教育取得的学历，主要为行政管理或经济管理专业。而大学生村官的专业背景则很多元，因为招录时，对专业并没有限制。不过从问卷资料（这项数据有不少被访者未填答）初步分析，计算机与网络相关专业所占比重比预想的要高，可能有约 3 成。其他的，理工类、文学类、艺术类、管理类、设计类、财务会计、现代物流、自动化技术，应有尽有，有点可惜没有看到社会工作相关的专业。据悉，舟山的城市社区中有出身社会工作专业的大学生村官，但在渔农村社区中暂未发现，不排除未调查到的可能性。

总体来看，大量大学生村官的存在，扩大了女性社区工作者的比例，促进了社区干部年轻化、知识化。

2. 社区工作者队伍的工作现状

（1）社区工作者的职务安排

从职务安排的角度来看，社区工作者队伍包括四部分工作人员。

①社区党总支（或党支部）书记和社区管理委员会主任。80% 的社区两者兼任，负责全面工作并主管社区财政。

②社区党总支（或党支部）副书记和社区管理委员会副主任。视社区人口多寡设置 1~2 人，相互兼职和不兼职的情况都有。副职也分管一项具体的工作。在回寄问卷的所填写的社区工作人员名录中，社区正、副职共占总工作

人员的 4 成。

③社区委员和其他工作人员。专司社区内一项具体事务，如妇女工作、精神文明建设、人民调节工作、宣传教育、社会福利等。视人数多寡可能交叉兼职。

④大学生村官。目前每个社区都至少配有一名大学生村官，其正式身份一般为社区主任助理，兼社区团支部书记，负责社区青年工作，有的也挂人民调解员等其他职务。办公信息化以后，通过电脑处理的台账工作，自然也落到大学生村官头上。由于大学生村官在录用、待遇等一系列机制上，都具有自身独特性，所以将其单独列为一类。

（2）社区工作者的进修与培训

调查显示，各社区工作人员都曾参加由市区县镇乡各级组织的各类培训或进修活动。这些活动包括社区工作者初任培训（岗前培训）、在职学历教育、工作培训等。

每一位新聘用的大学生社区工作人员，都要进行初任培训（岗前培训），由区县人事劳动部门主办。培训内容包括农村社区相关的业务能力和理论知识，早期也有进行社会工作专业相关课程（如社区工作）的培训，使用的也是大学教材。另外还有参观典型社区等，联谊活动目前也被作为培训的一部分。

2006 年第一届大学生村官参加培训时，曾建立名为"舟山社区大学生工作群"的 QQ 群，是大学生村官进行工作交流和联谊的管道。该群也吸纳后来就任的大学生社区工作者，以及舟山市委组织部、人事劳动和社会保障局、人才管理办公室、渔农村工作办公室等部门的工作人员，还有舟山晚报、舟山广播电视报等本地媒体记者，从事社会工作教育的大学老师等。

农村社区建立以后，舟山市积极对 50 岁以下的社区干部（包括社区主任、副主任和委员等）通过党校函授教育等形式，进行学历教育，提高社区工作人员的素质。

至于市区县镇乡各级党委和政府为社区工作人员所开设的工作培训，则举不胜举。综合性针对各类工作人员举办的培训班，除初任培训外，还有社区党总支书记培训班，村委主任培训班，社区干部培训班等。具体的工作培训内容涉及社区工作的方方面面，如科学发展观、公共安全管理和公共危机处理、渔业安全生产、食品药品管理、污水治理、妇女计生知识、司法培训、公民信箱、人民调解、劳动和社会保障、公共卫生和甲流防抗、社区文化、经济普查和统计、新农村合作医疗、计算机操作、远程教育及舟山市推动的"网格化管理、组团式服务"等。总之，只要有一份具体的工作，那么主管的上位政府部门，就会举办一次相关的工作培训。

为使培训更加体现针对性和有效性，有关部门也尝试向社区工作者了解他们的培训意向。如2009年10月，舟山市委组织部曾向大学生村官发出一封关于培训需求的调查问卷。

（3）社区工作者的工资和待遇

根据有关规定，聘用期间，大专生的年总体收入一般应不低于当地上一年的职工平均工资（含规模以上私营单位）水平，本科生以上年总体收入应略高于这一水平。具体薪酬标准，由各地根据当地实际情况确定。

同样在一县之内，各乡镇之间的差距也很大，一乡镇之内较为整齐。通常名义月工资分为社区正职、社区副职和大学生村官、社区委员、普通工作人员4级，个别乡镇普通工作人员有男女区别。如某镇社区正职（镇下派干部除外）月收入为1200元，社区副职月收入为1100元，委员1050元，普通男性员工800元，女性员工650元，大学生村官享受社区副职待遇也是1100元。加上年终奖金等其他收入，根据各社区自己填报的数据，平均下来，约能在这个标准上增加50%以上。

另外，个别乡镇的社区领导拿的是双工资，即除政府下拨以外，还在所在村拿一份，这样就多了。虽然这种做法并不被鼓励，但确实在有些乡镇以不同形式存在着。比如有些社区尤其是渔业社区是比照渔业船老大对社区（村）干部进行补助，至于补助的额度，有的参照平均水平，有的则参照上等水平。对于在村民经济合作社有兼职的社区干部来说，集体经济分红则是另外一块收入，这块收入也因各村效益好坏难以统计，情况好的村这笔收入要远远超过其正常工资收入。另外，部分社区工作人员是不脱产的，有自己经营的产业。

就大学生村官的年总收入而言，若以舟山市统计局官方发布的2008年舟山市在岗职工的平均工资（含规模以上私营单位）2.31万为参照系，那么目前大部分乡镇能达到这个值。在民政部社会工作人才建设试点单位的普陀区，基本上能达到或略超过这个标准。如勾山街道大学生村官的年总收入在2.5万至2.8万之间，虾峙镇2.5万左右，六横镇和桃花镇约3万，东港街道、朱家尖街道和展茅街道约2万出头。岱山县的情况也类似，秀山乡约2.5万至3万，高亭镇约2万出头，衢山镇较低为1.8万左右。嵊泗县从问卷反馈回来的信息来看，菜园镇、嵊山镇、枸杞乡等主要乡镇似乎多在2万或2万以下。

在社会保障方面，地方政府都为社区工作者购买了社会保险，并按规定由政府和个人分别缴纳应缴的部分。如果社区工作者将来不再从事社区工作，其可选择自行缴纳全部缴费基数，或选择退保。

3. 社区工作者的态度和期望

调查中大部分社区都承认，自新农村社区创建以来，农村基础设施建设有较大提高，市政府为了鼓励村村合并，给每个渔农村新型社区的60周岁以上的渔农民每月发放"以奖代保"金，2005年30元、2006年33元、2007年38元，并按经济发展速度逐年提高，从而初步建立起渔农村老年人养老保障制度。

社区工作者普遍认为，大学生村官体制的推行，反映了地方政府对长期受忽视的农村社区发展的重视，社区工作队伍的年龄、学历结构都日趋合理化，社区干部的工作能力也有提高。

但社区工作者同时也认为，与之相适应的工资和待遇水平尚有很大的提高空间。相对其他行业而言，工资和年总收入涨幅不快，导致工作自豪感不强。而个别地方对一般社区工作者中的女性发放较低的工资，则恐有性别歧视之嫌。

调查显示，2005年渔农村新型社区兴办时，社区干部，尤其是从各村抽调的村干部的工作积极性一度很高。这主要是因为新型社区在农村属于新鲜事物，很多抱持一种进社区如同成为正式国家雇员的心态，以为这份工作比较稳定，万一村干部换届时失利，也可以保有非选举产生的社区工作人员的职位。然而在随后几年村委会换届选举过程中，很多竞选失利的村干部，也随即被免去社区工作人员的职务。也就是社区工作者的聘任，与村委会选举挂钩。但这反而使有些社区干部，尤其是那些联村共建的社区干部，宁愿关心本村工作以保住选票，而忽略社区工作。

在问及广大大学生村官对这份工作是否满意时，平均得分为 8.29 分（满分为 10 分）。目前来看，统计上工作年限、年总收入等指标和工作满意度之间相关关系并不强。访谈情况也证明了这一点，虽然已经有个别大学生通过考取公务员或事业编制离开社区，但他们并不认为工资是唯一的原因，还包括工作环境和身份模糊等一系列因素。需要肯定的是，社区工作人员的社会工作者的身份认同正在逐步确立。

四、研究结论

总体而言，舟山市渔农村新型社区建设，是将城市社区的管理经验引入乡村管理的良好实践，在社区工作者队伍建设方面也取得了喜人的成绩。

一是社区工作者队伍配置合理化。经乡镇分流下派、原村干部择优聘任和社会公开竞聘，尤其是大学生村官工程，使社区干部队伍在知识结构、年龄层次、性别比例、综合素养等各方面均有较大改善。

二是社区工作者职能划分清晰化。社区组织的服务性特征更加明显，其内设各委员会如就业、社会保障、农村合作医疗、人民调解等都是直接为百姓提供公共服务的部门。

三是社区工作者继续教育和培训多样化。通过各种形式的培训和进修，使原有村干部吸收新的知识和工作思路以提高服务质量，让新聘任大学生熟悉农村工作的特征。

四是社区工作者的待遇保障化。努力保障社区工作人员的平均工资不低于当地上一年的职工平均工资水平。

同时，未来社区工作者队伍建设，可能还需要继续关注三个问题。

第一，要进一步研究理顺社区和村委会，社区和乡镇政府的关系。这个关系的理顺牵涉到社区工作者队伍的定位问题。一些研究主张现阶段社区应该定位为乡镇政府的派出机构，而村委会办不了、办不好的事务，可以委托社区办理，避免与《村民委员会组织法》相悖的局面发生。不过也许也可以从另外一个角度来研究，所谓"委托"，既然可以由"村委会"委托给"社区"，那么如果对社区进行重新定位，自然也可以由"乡镇"委托给"社区"。从社区工作者队伍的角度出发，社区干部和村干部多是互相兼任，从人手的角度来看，社区不见得比村人多。在两边工作人员有高度重合的情况下，这样的委托关系无非是左手传给右手。所以，近期内定位为这样的派出机构是可以的，但中长期则还是要通盘规划，规范三者之间的职能，若不然村委会都不知道可以将什么委托给社区做。

第二，是要解决社区工作者的明确身份。若依照"社会工作者"进行管理，那么应该考虑规范职业准入机制。就应该将社区和村的工作人员分离，使社区干部稳定化、专业化。现在民选村干部几乎可以自动地接任社区干部，虽然保证了方便短期内工作的开展，但不够稳定。社会工作者需要的是专业化和职业化，这就如同医生民选可能有害一样。这项工作应该至少需要三五年才能建立，同样，为了保障现有社区工作人员的稳定性，未来应设计一套现有工作人员身份直接转为"社会工作者"的机制。

第三，要研究社区工作人员的激励问题。即使在前述问题没有处理的情况下，也需要进一步完善薪酬制度和奖惩制度。譬如部分社区女性工作员与男性工作员同工不同酬的问题，应当予以纠正。

渔农村新型社区建设，是一项进行中的长期工程，社区工作者队伍则是这项工程的实施者，关心他们的现状和发展，是整个渔农村的和谐与发展所不可或缺的。

曹启挺　佘　宇　执笔

后记·研究正未有穷期

"处在苏鲁豫皖交界处的丰县这片广阔的田地里，一只只雏鹰煽动着柔弱的翅膀在农村上空顶风冒雪，搏击长空，羽翼初丰后又飞向更高的天空去搏击另一片天地，在他们身后又一只雏鹰在迎风搏击农村天空中的酸甜苦辣，搏击农村天空中的风霜雪雨，也必将能搏击出未来的一片亮丽天空。"

——引自丰县"雏鹰工程"

本书是"大学生村官政策评估研究"课题组的集体成果。这项课题得以顺利完成，需要感谢的人很多。首先，要感谢我所在单位领导和同事的大力支持。国务院发展研究中心主任李伟研究员对课题非常关心，专门批示可对大学生村官政策进行跟踪研究。作为课题顾问之一的国务院发展研究中心社会发展研究部巡视员林家彬研究员，不仅不辞劳苦亲自带队进行了全程实地调研，而且在报告后期的讨论及撰写中提出了很多具有启发性的修改意见和建议，并对报告初稿进行了细致入微的文字上的斧正。课题另一位顾问、国务院发展研究中心社会发展研究部副部长贡森研究员，则在课题立项及调研实施阶段予以悉心指导，而且从他所负责的"国务院发展研究中心'社会治理'重点基础领域研究"中为课题开展及成果出版提供了资助。此外，国务院发展研究中心社会发展研究部部长葛延风研究员也多次就写作框架、基本判断、改革思路等与我进行深入讨论，并从部门研究经费中对课题调研予以支持。我还要感谢社会发展研究部的其他领导和同事，他们在日常工作中给予的无私帮助也是我能够顺利完成课题研究不可或缺的支持。

典型地区的调研得到了很多人的支持和帮助。经由前期沟通与联系，在短短两个多月时间内，课题组集中走访了浙江省舟山市岱山县、普陀区，江苏省徐州市丰县，海南省定安县、海口市琼山区3省5县（区）进行调研（需要指出的是，2010～2011年，课题组部分成员曾分别对北京市海淀区、舟山市各区县进行了大学生村官政策的前期调研；2012年实地调研时，沛县组织部门派员专程赶到丰县介绍情况）。所到之处，均得到了各地党政部门，特别是组织部门的大力支持和帮助。在调研地，课题组通过深度访谈和焦点小组访谈，分别听取大学生村官（在任、离任）、乡镇干部、村干部等利益相关者对大学生村官政策的看法与评价，同时还实地考察了部分大学生村官创业园（区），并深入部分村（社区）了解大学生村官日常工作以及与村干部、村民直接交流。大量一手材料的获取，使课题组对大学生村官政策的现状、存在的问题及未来发展的方向等有了更为深刻的理解和把握，而且，这些调研材料都是政策评估和成因分析的重要依据，并为最后报告的完成打下了坚实的基础。我要对他们表示由衷的感谢！

我要感谢课题组的所有成员——吴魁秋、秦冬梅、曹启挺、寇翔、韩巍、张晓菲，正是他们的"加盟"，为两个多月的实地调研增添了很多活力，他们对相关调研材料、访谈记录的整理，对各章节初稿的撰写与修改，以及在调研期间和专题研讨会上踊跃参与核心观点的讨论等，都为最后报告的完成提供了基础性的帮助。

我还要感谢我的家人，正是他们的理解、支持以及对我日常生活无微不至的关怀，使我能够解除后顾之忧，全身心投入到课题研究及报告写作之中。这项课题得以顺利完成，同样也凝结着他们的辛劳与汗水。

当然，这项课题还存在一些不足，例如：由于研究偏于定性讨论而缺乏基于问卷调查的定量分析，无论是研究方法还是最后的结论、对策等都有待进一步的验证与考量；实地调研仅涉及3省5县（区），虽然在选择上已考虑了历史、地域、经济发展水平等多方面因素，但其反映的问题能否代表、或在多大程度上代表全国层面的情况值得商榷；等等。而且，随着未来农村经济社会的不断发展，大学生村官政策也会面临一些新问题、新挑战，如：城镇化进程加速，农村征地、拆迁等利益矛盾突出；农村集体经济发展，农村专业合作社经济作用提升；农村基层民主建设，村民自治进一步发展；城乡一体发展，基本公共服务向农村推进；大学入学率不断提高，本地（村）大学生回乡人数增多；各种能人、专业人才回流农村，参与乡村治理、经济发展；等等。我想，这些都是课题组后续研究需要不懈努力的方向和动力。因此，本书呈现给各位读者的仍然是阶段性的研究成果，课题组会继续为大学生村官政策的日臻完善、继续发展尽一份绵薄之力，正所谓：研究正未有穷期。

最后，谨以本书献给所有关注大学生村官政策及大学生村官这一群体的机构及个人。

佘 宇

壬辰冬至于北京

参考文献

[1] 党国英. 大学生到农村去能做什么. 中国社会导刊, 2005（17）

[2] 蔡立安, 柳夏. 新农村建设中人力资源有效供给研究. 农业经济问题, 2006（6）

[3] 韦风涛. "大学生村官"在宁波的成功实践及启示. 宁波通讯, 2007（3）

[4] 万银锋. "大学生村官"：一种值得推广的制度安排——对河南省实施"大学生村官"计划的调查
与思考. 中州学刊, 2007（4）

[5] 周玮, 吴兆基, 王娇, 吴玉. 高校在大学生村官实践中的对策研究. 农村经济与科技, 2007（4）

[6] 田小超. 论大学生村官政策面临的问题与解决对策. 内蒙古农业科技, 2007（4）

[7] 李包庚, 黄斌, 魏娜. "大学生村官"现状调查与思考——以浙江省慈溪市为例. 青年探索,
2007（6）

[8] 李晓玉, 李晓宁. 关于完善"大学生村官计划"的思考. 湖北广播电视大学学报, 2007（10）

[9] 王天敏. 对"大学生村官计划"的历史审视. 安徽农业科学, 2007（34）

[10] 宋绪猛. 大学生基层就业当村官模式浅论. 中国大学生就业, 2007（16）

[11] 李飞, 陈晨. "大学生村官计划"及其实施的初步研究——以浙江慈溪和安徽凤阳为例. 中共合
肥市委党校学报, 2008（1）

[12] 张清华. 大学生村官计划——双赢战略的政策选择. 湖南工程学院学报, 2008（1）

[13] 冯建平. 关于晋城市选聘大学生"村官"的实践与思考. 前进, 2008（4）

[14] 殷殷. 大学生"村官"与农村基层组织建设——以苏北农村为例. 中国青年研究, 2008（6）

[15] 王文举, 范合君. 北京市"大学生村官"在农村基层组织中的作用. 北京社会科学, 2008（6）

[16] 梁晓凤. 对大学生"村官"基层任职的调查与思考——以山西省晋中市为例. 中北大学学报（社
会科学版）, 2008（6）

[17] 袁君宝. "大学生村官"现状调查与优化分析. 法制与社会, 2008（8）

[18] 唐锋, 孙凯. 关于大学生村官计划实施的几点建议. 时代教育, 2008（8）

[19] 李莉. 山西实施"大学生村官"制度的思考. 中共山西省直机关党校学报, 2009（2）

[20] 莫根虎, 周建民. 大学生村官现状调查研究——以浙江省长兴县为例. 桂海论丛, 2009（2）

[21] 程毅. 大学生村官现状调查及其可持续发展的政策设计——以上海市金山区为个案. 华东理工大
学学报（社会科学版）, 2009（4）

[22] 骆骢. 北京市"大学生村官计划"调查——以北京市在职"大学生村官"为研究对象. 北京教

育·高教，2009（5）

[23] 王海涛，徐翔. 农业高等教育与大学生"村官"计划整合机制探讨. 江苏高教，2009（6）

[24] 刘梦超，潘杰义，马钥. 陕北农村实施大学生村官计划的调查及改进建议. 中国集体经济，2009（8）

[25] 米寸美. "大学生村官"现状调查与思考——以滑县为例. 经济研究导刊，2009（9）

[26] 董进才. 专业合作社农民政治参与状况分析——基于浙江省示范合作社的调查. 农业经济问题，2009（9）

[27] 查佐明，马德峰，张凌晨，沈新良. 试析大学生"村官"计划——以苏北灌南县为例. 思想教育研究，2009（10）

[28] 陈钧宝，董四代. 大学生村官与知识青年上山下乡的比较. 山东干部函授大学学报，2009（11）

[29] 李卉. 浅谈如何建立大学生村官工作的长效机制. 网络财富，2009（13）

[30] 葛永涛，孙仲阳. 关于大学生"村官"工作状况的调研报告. 吉林农业科技学院学报，2010（4）

[31] 钟江顺，陈刚刚，宋世福，张觅. 杭州大学生村官在农村现状的调查与思考——以建德市为例. 浙江青年专修学院学报，2010（4）

[32] 李芳芳，李思，王言，夏如兵. 大学生"村官"现状调查与思考——以江苏省徐州市为例. 科技创业月刊，2010（6）

[33] 张萍. "大学生村官"在新农村建设中的现状——山西省晋中市张庆乡的调查报告. 北方经贸，2010（7）

[34] 毕玉江，刘强，杨冬兰. 大学生村官政策的实践与完善——以上海市为例. 中国人力资源开发，2010（9）

[35] 冯婧，胡艺瑾. 大学生村官政策：愿景与现实——以四川省营山县和长宁县为例. 经济研究导刊，2010（9）

[36] 高强，陈迎春，刘宇，魏燕群，杨小波，岳华，马倩影. 河北省大学生"村官"现状分析. 新西部，2010（10）

[37] 潘丹. 大学生"村官"计划保障机制与退出机制的思考——基于江苏省的案例调研. 理论探讨，2010（11）

[38] 张强，吕晓龙，王保军，南储刚，杨鹏. 当前大学生村官现状及流失问题的调查与研究——以河南省新乡市和信阳市等地为例. 经济研究导刊，2010（21）

[39] 陈菲. 大学生村官创业能力现状的调查与分析——以江苏省扬州市社区为例. 安徽农业科学，2010（30）

[40] 王芳，孙玉平，邓斌，演一燃，程甜甜，杨科. 影响"大学生村官"任职表现的自身因素研究——对陕西省西乡县的调查分析. 西部论坛，2011（2）

[41] 中国青少年研究中心课题组. 积极应对新媒体挑战深入开展网络时代青少年与共青团工作研究. 中国青年研究，2011（2）